Als Tanja Kuchenbecker nach Paris zog, war sie voller Bewunderung für die Franzosen – und fühlte sich im Vergleich häufig geradezu plump. Egal ob in Fragen des Stils, der Konversation oder des Geschmacks – die Deutsche ließ kein Fettnäpfchen aus. Peu à peu lernte aber auch sie, sich elegant zu kleiden, ausschweifend zu essen und dabei schlank zu bleiben und nicht an chronischer Unpünktlichkeit zu verzweifeln. In *Le Fettnapf* teilt sie nun ihren reichen Erfahrungsschatz mit den Lesern und erzählt mit viel Witz, warum Franzosen und Deutsche so verschieden sind – und was sie voneinander lernen können.

Tanja Kuchenbecker lebt seit 1991 als Auslandskorrespondentin in Paris, schreibt unter anderem für das *Handelsblatt* und kommentiert aktuelle Themen aus Frankreich für N 24.

Tanja Kuchenbecker

Le Fettnapf

Wie ich lernte, mich in Frankreich nicht
zum Horst zu machen

Rowohlt Taschenbuch Verlag

2. Auflage September 2010

Originalausgabe
Veröffentlicht im Rowohlt Taschenbuch Verlag,
Reinbek bei Hamburg, September 2010
Copyright © 2010 by Rowohlt Verlag GmbH,
Reinbek bei Hamburg
Redaktion Eva Köster
Umschlaggestaltung ZERO Werbeagentur, München
(Illustration: © FinePic, München)
Satz Kepler PostScript, InDesign,
bei Pinkuin Satz und Datentechnik, Berlin
Druck und Bindung Druckerei C. H. Beck, Nördlingen
Printed in Germany
ISBN 978 3 499 62649 4

INHALT

Einleitung

Man kann nicht stets das Fremde meiden,
Das Gute liegt uns oft so fern.
Ein echter deutscher Mann mag keinen Franzen leiden,
Doch ihre Weine trinkt er gern.
JOHANN WOLFGANG VON GOETHE
(Faust)

*F*rankreich ist schon toll, aber die Franzosen ...», hörte ich immer wieder, bevor ich nach Paris zog. Sie seien arrogant, unhöflich, nicht hilfsbereit und sprächen nur Französisch. Dann gab es noch die Frankophilen, die von dem Leben wie Gott in Frankreich, dem *savoir vivre* in niedlichen Dörfern bei köstlichen Speisen schwärmten. Ein Paradies, in dem alles ganz anders ist als im eigenen Land: weniger streng und unterkühlt, nicht so sauber und ordentlich, eher unkonventionell, wenn auch ein wenig schlampig, dafür aber doch so genussfreudig. Kurz: eine Idylle. Die Männer natürlich tolle Liebhaber und die Frauen die elegantesten der Welt. Aber ach, bei allen Vorurteilen, was sind sie doch charmant, die Franzosen!

Genau dafür bewundern wir sie. Wir haben Respekt vor der großen, und, wie wir oft denken, überlegenen Kulturnation. Diese Bewunderung führt dazu, dass wir uns als Deutsche manchmal geradezu plump vorkommen. Diese Eleganz! Diese Weltgewandtheit! Das Essen! Paris! Bruni! Dior! Die Mademoiselle! Und: diese Arroganz! Ja, wir ärgern uns auch gern über unsere Nachbarn. Aber es hilft alles nichts. Im Stillen wollen wir doch ein bisschen so sein wie die Franzosen. Blöd ist nur, dass man in kaum einem Land so oft das Gefühl hat, in irgend-ein Fettnäpfchen zu treten.

Mit diesen Klischees reiste ich nach Paris und freute mich schon auf das Essen und den Rest der Lebensart. Leider kam alles ganz anders. Anfangs jedenfalls. Bei allen Träumen vom Leben wie Gott in Frankreich hatte ich fast vergessen, dass die Franzosen auch den Ruf haben, arrogant zu sein. Und so stol-perte ich von Fettnapf zu Fettnapf. Ständig verstand ich etwas falsch – oder auch gar nicht. Haute voll daneben oder wagte gar nichts mehr zu sagen. Anfangs nahm ich das alles persön-lich. Doch heute weiß ich: Ich stehe nicht allein da – das ist ein Trost. Sogar in der großen Politik läuft auf der deutsch-franzö-sischen Freundschaftsschiene so einiges schief ...

Wie wir uns in Frankreich oder im Beisein von Franzosen *nicht* zum Horst machen, möchte ich in diesem Buch zeigen. In fast 20 Jahren in Frankreich habe ich gelernt, wie *Monsieur-tout-le-monde* (Herr Jedermann) und Madame ticken. Ich weiß, wie man sich *à la française* anzieht, richtig isst, um schlank zu bleiben. (Auch wenn ich mich nicht immer daran halte.) Wie man flirtet, Konversation betreibt und Witze macht und aller-hand Peinlichkeiten bei Dîners und in Restaurants vermeidet. Ich werde über Küche und Kultur, Liebe und Vorlieben berich-ten und wie ich lernte, mich einigermaßen würdevoll durchs französische Alltagsleben zu bewegen.

Ich habe die Antworten auf viele meiner Fragen gefunden: Warum bekommen die Franzosen so viele Kinder? Warum schwärmen sie von Strapsen? Warum fürchten sie sich davor, nackt in die Sauna zu gehen und machen doch ständig schmut-zige Witze? Warum ist es verpönt, über Geld zu reden, und warum bezahlt im Restaurant nicht jeder, was er selbst geges-sen hat? Weshalb lassen die Frauen sich so gern Mademoiselle nennen? Warum haben die Männer kein schlechtes Gewissen dabei, ein Macho zu sein? Sind sie deshalb so galant gegenüber Frauen? Wie kocht man ein Drei-Gänge-Menu ohne Stress? Und wieso tragen die Frauen hier auch im Winter Pumps und sind trotz der französischen Küche so schlank? Warum haben auch die Männer über 40 kaum Bauch?

Vieles wird sich in meinen Erzählungen natürlich um Paris drehen. Sicherlich, Paris ist nicht Frankreich, es gibt auch noch *la France profonde*, die Provinz, das ländliche Frankreich. Doch viele Szenen in Paris hätten sich auch in Lyon, Marseille oder auf dem Lande so abspielen können.

KAPITEL 1

L'arrivée – Ankunft in Paris und meine ersten Kulturschocks

Allô Taxi?

*N*ur keine Panik. Nicht nervös werden. Es ist nur ein Flughafen! Warum fühlte ich mich dann so verloren wie in einem Labyrinth? Ich stand auf dem Pariser Flughafen Charles de Gaulle – den die Franzosen nur Roissy nennen nach dem nahe gelegenen Ort – und erhielt prompt einen Vorgeschmack darauf, was mich in Frankreich an höchst verwirrenden Situationen noch erwarten sollte. *Mon Dieu!* Ich versuchte es sicherheitshalber mal mit einem französischen Stoßgebet, vielleicht half ja das.

Dieser, mein erster, Tag in Paris ist schon lange her, aber ich erinnere mich noch wie heute. Noch nie war ich auf einem Flughafen gewesen, auf dem ich mich so überhaupt nicht zurechtfand, und ich hatte schon einige Flughäfen dieser Welt gesehen. Man hat es hier meisterhaft verstanden, das Ganze wie einen Irrgarten anzulegen, mit Anzeigetafeln, die offenbar nur dazu gedacht sind, einen auf die falsche Fährte zu locken. Was eigentlich erstaunlich ist, wenn man bedenkt, wie klar in Frankreich sonst alles in der Metro, auf den Bahnhöfen und auf den Straßen ausgeschildert ist. Roissy hingegen bekam erst vor kurzem wieder die schlechteste Wertung unter allen internationalen Flughäfen, weil er so chaotisch ist. Ich bin bis heute felsenfest davon überzeugt, dass dieser Flughafen der erste Crashtest für den Frankreichbesucher ist, um ihn einzuschüchtern. Ganz schön heimtückisch, wenn man bedenkt, dass Roissy eigentlich gar nicht so groß ist. Doch einem wird sofort *grandeur*, eine majestätische Größe, vorgegaukelt.

«Typisch», sagte meine deutsche Freundin Nina, als ich ihr später am Telefon davon erzählte. «Die machen einen gleich am Flughafen zur Schnecke.» Aber Nina war ohnehin skeptisch, was die Franzosen anging. Sie war immerhin schon beim Schulaustausch und im Urlaub in Frankreich gewesen und dabei bei den französischen Männern abgeblitzt. So stand ihr Urteil über die Franzosen fest: «Arrogant und unhöflich sind die, kein bisschen hilfsbereit. Wer nicht gut Französisch spricht, ist verloren.» Auch ich war nicht gerade ein Frankreich-Fan, aber neugierig ließ ich alles auf mich zukommen. Von den Franzosen wollte ich mich gewiss nicht einschüchtern lassen! Praktisch sah das dann leider ganz anders aus, und das fing wie gesagt am Flughafen an.

Winzige Anzeigen flimmerten hier und da, doch auf welchem Laufband kam nun das Gepäck aus Hamburg an? Aber es war eh egal, dass ich so lange brauchte, um mich zu orientieren – als ich das Band fand, war das Gepäck noch nicht da, immerhin mehr als eine halbe Stunde nach Landung des Flugzeugs. Nach einer Stunde hatte ich endlich meine zwei riesigen Koffer vom Band gehievt, konnte mich damit allerdings kaum bewegen. Nun musste ich mich nur noch auf die Suche nach einem Taxi machen. Während ich noch zögerte und mich nach dem Ausgang umschaute, stieß mir ein ganz Eiliger von hinten seinen Koffer in die Hacken, murmelte *«Pardon»* und schubste weiter. Auch alle anderen rannten wie wild los. Ich folgte der Meute, ausgeschildert war ohnehin nichts. Moment mal. Was war das denn? Von weitem sah ich schon die Schlange, 100 Meter lang standen sie für die Taxis an. Jetzt wusste ich auch, warum die es alle so eilig hatten!

Dummerweise stellte ich mich erst einmal am falschen Platz an – es gab Taxis, die fuhren nach Paris, andere in die Banlieue, die Vorstädte. Tja, wer konnte das ahnen? Als ich endlich beim richtigen Taxifahrer war und der mich tatsächlich nach Paris fahren wollte, las ich von meinem Zettel ab: «Ich möchte in die Rue de Ponthieu.» Das war in der Nähe der Champs-Élysées. Leider verstand er Rue de Pontoise, was so ähnlich klang, aber in der Stadtmitte lag. Wie wunderte ich mich, als ich nicht am Triumphbogen vorbeifuhr, sondern an der Kathedrale Notre-Dame. Mit den Taxis ist das hier so eine Sache. Am besten, man weiß selbst, wo man hinwill, und kann den Weg erklären.

Schöner wohnen auf Französisch

Nun war ich also in einer Traumstadt gelandet und hatte einen journalistischen Traumjob. Fehlte nur noch die Traumwohnung. Ich dachte dabei an etwas ganz Charmantes, ein Loft in einem historischen Hinterhof mit Kopfsteinpflaster und Blumen. Wenn ich geahnt hätte, wie schwer es ist, hier überhaupt eine Wohnung zu ergattern …

Das Verzwickte: Wer eine Wohnung sucht, braucht ein Bankkonto, sonst ist man unglaubwürdig. Wer aber ein Bankkonto eröffnen will, braucht eine Wohnung. Also ist einiges an Überzeugungsarbeit gefragt. Zum Beispiel kann man wie ich einen Kollegen, der schon ein – wohlgefülltes versteht sich – Bankkonto hat, bitten, einem eine Empfehlung zu schreiben. Auch sonst ist der Umgang mit den Banken nicht gerade einfach. An sein eigenes Geld kommt man nicht so leicht, wie ich schon häufiger feststellen durfte. Wollte ich Beträge von über 500 Euro abheben, musste ich einen Antrag stellen, in den meisten Banken zwei Tage vorher. Kein Wunder, dass in französischen

Wohnungen immer allerhand Geld versteckt rumliegt ... Was man im Wesentlichen dazu braucht, um den einen oder anderen Handwerker oder das Kindermädchen schwarz zu zahlen.

Als stolze Bankkontobesitzerin fühlte ich mich schließlich fast so, als hätte ich gerade im Lotto gewonnen. Beschwingt konnte es nun endlich auf Wohnungssuche gehen. Für den Übergang hatte ich mich in einem Drei-Sterne-Hotel in der Nähe der Champs-Élysées einquartiert, wo ich damals arbeitete. Doch drei Sterne sind nicht gleich drei Sterne. Auf den maximal zwölf Quadratmetern inklusive Bad konnte ich nicht einmal meine Koffer abstellen. Dass ich zwei Monate dort wohnen würde, weil ich keine Wohnung finden konnte, hätte ich nie geahnt. Ich hatte zwar ein festes Einkommen, doch leider war ich nicht Französin. Was in Paris nicht gerade ein Pluspunkt ist, denn wer traut schon einem ausländischen Gehaltszettel. Und was bitte ist mit dem Klischee vom korrekten Deutschen? Das hat mir ausgerechnet in dem Moment nichts genützt.

Wochenlang studierte ich die Anzeigen. Alle hatten mich schon gewarnt, wie mühsam das werden würde. «Unsinn», wischte ich die Bedenken anfangs vom Tisch. «So schwer kann das doch gar nicht sein. Schließlich schaffe ich es auch, eine Karte für die Haute-Couture-Schauen zu ergattern, da wird es mir wohl gelingen, eine einfache Wohnung zu finden.» Doch da hatte ich mich mächtig getäuscht. Es ist tatsächlich leichter, in eine Haute-Couture-Schau zu gelangen.

Nun, ab und zu gibt es mal ein paar Wohnungsanzeigen. Etwa: Hübsches Studio, 13 qm, mit Dusche und WC in der Küche, 500 Euro. Oder: Einzimmerwohnung, 30 qm, keine Kücheneinrichtung, 800 Euro. Eins war mir schnell klar: Billig würde es auf keinen Fall werden. Doch das schien sonst niemand abzuschrecken. Denn wenn ich bei einem Besichtigungstermin auftauchte, standen mindestens schon 30 Leute Schlange vor der Tür. Mir blieb nichts anderes übrig als mich einzureihen. Wann die Ersten wohl gekommen waren? Ich war doch schon zehn Minuten zu früh. Während ich noch unten stand, schob sich die Schlange langsam den engen Hausflur empor. Kam ich oben an, war die Wohnung häufig schon vergeben. Irgendjemand hatte schnell sein Scheckheft gezückt und locker sechs Monate Miete im Voraus gezahlt.

Meist hätte ich in das Loch ohnehin nicht einziehen wollen. Klangen die Anzeigen noch ganz vielversprechend, erinnerten die Apartments, die *coquette*, also niedlich, genannt wurden, vor Ort eher an ein Katzenklo als an eine süße Puppenstube. Manchmal konnte man nicht mal aufrecht stehen, weil es direkt unter dem Dach lag. Jeder Quadratmeter war ausgenutzt.

Ich sah mir so einige Absteigen an. Immer dasselbe Bild: Keine der Wohnungen, die ich besichtigte, würde man je in einer Dekozeitschrift finden oder höchstens in der Rubrik «Vorher – Nachher» – unter «Vorher» versteht sich. In Deutschland würde niemand in so etwas wohnen. Und dann fragten die Besitzer auch noch scheinheilig: «Ist der Ausblick nicht phantastisch?» Durch eine Dachluke konnte ich einen Blick auf die Spitze des Eiffelturms erhaschen, allerdings nur, wenn ich mich auf die Zehenspitzen stellte. Außerdem leckte die Dusche, durch das Dach zog es, und in der Küche stand zum Kochen eine Gasflasche. Mir fehlten die Worte.

Immer wieder fragte ich mich, wie die Franzosen das machen, denn die wohnten doch wohl nicht alle in solchen Löchern. Später habe ich festgestellt, dass viele von ihnen tatsächlich nach unseren Maßstäben sehr bescheiden leben. Auch sündhaft teure Zwei- oder Dreizimmerwohnungen sind alles andere als perfekt. Schöner wohnen auf Französisch unterscheidet sich ganz klar vom deutschen Komfort. Badezimmer sind uralt; Toilettenspülungen stammen aus der Gründerzeit der Häuser; wenn man spült, hört man es noch drei Etagen weiter. Viele Küchen sind gerade mal so groß wie bei uns das Gäste-WC, und die Kücheneinrichtungen bestehen nur aus ein paar zusammengewürfelten Schränken und einer wackeligen Herdplatte. Renoviert wird selten und wenn, dann meistens nur der Flur und das Wohnzimmer, damit der Schein gewahrt bleibt. In den anderen Zimmern bröckelt der Putz von den Wänden.

Ich kam schließlich an eine Wohnung, wie die meisten hier – über Beziehungen. Sie gehörte dem Freund einer Freundin und lag direkt an der Bastille, damals eins meiner Lieblingsviertel, und wurde gerade noch renoviert. Sie hatte sogar eine annehmbare Kücheneinrichtung und lag in einem netten Hof, in dem man draußen sitzen konnte. Das Paradies in Paris! Nicht mal mein Bankkonto brauchte ich dafür. Das Geld wollte der Vermieter lieber bar haben.

Le voisinage — die Nachbarschaft und wie ich doch noch Freunde fand

*I*ch konnte mein Glück immer noch nicht fassen: Jetzt wohnte ich endlich richtig in Paris. Doch wie merkwürdig benahmen sich meine Nachbarn. Einige Wochen lebte ich schon in dem Haus, und es hatte mich kein einziger (!) Nachbar gegrüßt. Aber das war noch gar nichts. Einige schafften es, ganze drei Jahre – bis ich auszog – hartnäckig an mir vorbeizusehen.

Glauben Sie bloß nicht, dass es in Frankreich Hausgemeinschaften mit Blumengestecken oder gar Schuhen im Hausflur gibt. Das wäre *une faute de goût*, schlichtweg geschmacklos. Aufs Schuhwerk im Hausflur kann ich gern verzichten, aber wie vermisste ich meine Nachbarn in Deutschland, von denen ich mir mal Zucker oder Tee leihen konnte. Hier sind die Fensterläden zu, die Türen verriegelt, jeder kocht sein eigenes Süppchen. Bloß nicht stören; ein falsch angebrachtes *Bonjour* kann durchaus wie ein Hausfriedensbruch aufgenommen werden. Die Franzosen mögen es privat; um Freunde zu finden, braucht man ewig. Ist man dann mal bei *ça va?* (wie geht's?) angekommen, sollte man nicht frohlocken, *ça va, merci* ist die richtige Antwort, nicht etwa: Heute zwickt mein Hühnerauge, oder ich bin meinen Job los. Das wäre viel zu indiskret. Jeder Franzose, der etwas auf sich hält, würde einem schnellstens die Tür vor der Nase zuschlagen.

Das sollte einen allerdings nicht entmutigen, es mit den Franzosen doch mal zu versuchen. Ich hatte das Glück, in meinem Haus bald einen netten Nachbarn kennenzulernen, einen Fotografen, der mir doch glatt mal beim Fahrradreparieren half.

Bis man allerdings zu Franzosen eingeladen wird, vergehen Lichtjahre. Die Freundschaft muss man sich hart erarbeiten, halten sie sich doch lieber an ihre alten Freunde und ihre Familie. Wer neu ist, ist fremd und macht die Franzosen scheinbar ebenso misstrauisch wie der Versicherungsverkäufer oder Teppichhändler, der einfach an der Tür klingelt. Man kommt sich hier nicht zu nahe, das gehört sich nicht. Ich hatte vor meiner Ankunft von einer WG geträumt, um schnell Leute kennenzulernen, nur das gab es schlichtweg nicht. Jeder für sich, lautet die Devise. Der Vorteil daran ist, dass sich auch keiner in das einmischt, was man selbst macht. Solange es niemand anderen stört. Womit wir wieder bei der eigenwilligen deutschen Angewohnheit der Schuhe im Hausflur wären. Mal ganz ehrlich: Wer will schon morgens vor dem Frühstück beim Brötchenholen Nachbars Schuhe sehen müssen?

Nie hätte ich gedacht, dass es so schwierig sein würde, Leute kennenzulernen. Freunde oder gar Freundinnen sind wohl ebenso schwer zu finden wie ein durchgebratenes Rindersteak in einem Pariser Bistro. Die Frauen sind besonders zickig. Sie scheinen ständig die Konkurrentin in einem zu sehen. Frauensolidarität? Nie etwas davon gehört. Denen bringt man zu Hause garantiert schon als Kind bei: «Nimm dich in Acht vor anderen Frauen.»

Dank meines netten Nachbarn Christophe habe ich auch diese Hürde genommen. Meine Freundin Julie lernte ich bei einer Fotoausstellung in seiner Wohnung kennen. Alle waren an dem Abend bester Laune, lachten und scherzten, nur ich kam leider nicht so richtig mit. Aber die Atmosphäre amüsierte mich, dazu floss richtig leckerer Wein, na klar. Julie fiel mir gleich auf, weil sie eines der charmantesten Lächeln hat, das ich je gesehen habe. Sie ist zierlich mit dunklen Locken und erinnert ein wenig an Oscargewinnerin Marion Cotillard. Gerade diskutierte sie mit meinem Nachbarn über ein Bild, als dieser mich sah: «*Voilà*, meine Nachbarin, die es wagt, in Paris Fahrrad zu fahren.» Auch das ist typisch französisch: Wenn du jemanden vorstellst, dann erwähne beiläufig irgendetwas Besonderes. Und mit Fahrradfahren konnte man damals noch Eindruck machen, denn Radwege gibt es in Paris noch nicht so lange.

So kamen Julie und ich ins Gespräch. Und als sie mit einer Gruppe von Freunden nach der Ausstellung in der Bar gegenüber noch einen Wein trinken wollte, sagte sie: «Wenn du mitkommen willst, *pas de problème.*» Dazu strahlte sie mich an, während ihr Haarsträhnen ins Gesicht fielen. So ist das oft hier, erst kommt man gar nicht an die Franzosen heran, dann heißt es plötzlich «kein Problem», und man ist ganz erstaunt. Dann sollte man die Gunst der Stunde nutzen.

Julie war haargenau so, wie ich mir die Französin vorstellte. Ich bewunderte sie sofort. Schon wenn sie geht. Nie sieht es schlaksig aus, nie schlenkert sie mit den Armen wie ich. Stattdessen verlagert sie ihr Gewicht leichtfüßig von einem Bein auf das andere. Und wenn sie ihre Schultern nach oben zieht und zischend durch den Mund pustet und damit «keine Ahnung» ausdrücken will – so französisch! Das habe ich lange geübt, bis ich es konnte.

Alle lieben sie, weil sie unglaublich charmant ist. Besonders die Männer, die laufen hinter ihr her, aber sie lässt sie zappeln. Sie ist quirlig und wirkt doch elegant, sie gibt feministische Sprüche von sich und schminkt sich jeden Tag. Wer soll das verstehen? Ich jedenfalls nicht. Für mich waren das anfangs Gegensätze. Ich dachte wohl zu deutsch. Julie kommt grundsätzlich zu spät, sie hat jeden Abend mindestens eine Einladung.

An dem Abend hatte Julie ihre Freundin Charlotte mitgebracht. Äußerlich genau das Gegenteil von Julie: groß, dunkelblond und ganz gelassen. Charlotte erzählte mir gleich, dass sie schon mal während des Studiums in Berlin gelebt hatte, und schwärmte von Partys in halbverfallenen Häusern. Ja, sie hatte auch mal einen *petit ami allemand*, einen deutschen Freund, sagte sie augenzwinkernd.

Wie ich später erfuhr, arbeitet Charlotte in einer Unternehmensberatung, Julie ist Mode- und Lifestyleredakteurin. Wenn die beiden wüssten, dass ich sie gerade mit ihren Berufen vorgestellt habe, würden sie garantiert französisch mit der Schulter zucken und fragen: «*Ah bon?* Was soll das?» Ein klassischer Fettnapf, denn in Frankreich interessiert weniger, was jemand beruflich macht, sondern vielmehr, wie er sich verhält und was er Geistreiches zu sagen hat. Manchmal erfährt man erst am Ende eines Abends ganz zufällig nebenbei, was die Gäste für einen Job haben. Und niemand würde auf die Idee kommen, die anderen zu googlen. Dafür weiß man nach dem Abend, was sie lesen oder von der aktuellen Wirtschaftspolitik halten. Wer also glaubt, das Eis durch eine Frage wie «Und was machen Sie so beruflich?» brechen zu können, hat sich geirrt.

KAPITEL 2

La Grande Bouffe – König Kellner und wie es mir im Restaurant erging

Mit französischen Kellnern ist nicht gut Kirschen essen

In Frankreich ist nicht der Kunde König, sondern der Kellner. Der französische Kellner will hofiert werden und der Pariser Kellner ganz besonders. Sollte ich den vielen Erzählungen über den hochnäsigen französischen Ober glauben? Oder war das alles nur ein Klischee? Ich saß in meinen ersten Wochen in Paris in einem dieser Terrassenrestaurants an der Place de la Bastille und erlebte den Kellner, wie man ihn sich vorstellt. An dem Platz liegt ein Restaurant neben dem anderen, alle mit Blick auf die Säule, die an die Revolutionsgeschichte Frankreichs erinnert. Die Bistrotische mit den Baststühlen sind ständig besetzt, das Essen mehr als durchschnittlich, aber dafür gibt es viel zu sehen, weil immer jemand vorbeiläuft – auch die Bedienung. Ich wartete. Für den Kellner existierte ich gar nicht. Ich suchte seinen Augenkontakt: Schau mir in die Augen, Kellner. Es war aussichtslos. Unruhig wedelte ich mit der Karte. Rief immer mal wieder *allô* oder *garçon*. Aber der fühlte sich ganz und gar nicht angesprochen. Er blickte nur einmal mit einem finsteren Blick in meine Richtung und ging dann weiter an einen anderen Tisch.

Was ich bei dieser ersten Begegnung mit der anderen Art von Kellner noch nicht wusste: Sobald er nur vage in die Richtung blickt, muss man blitzschnell reagieren. *Bonjour* oder *S'il vous plaît, Monsieur* rufen, auf keinen Fall aber *garçon*, das findet der respektlos. Darauf hören die Bedienungen garantiert nicht, und man outet sich gleich als Ausländer. Mich beachtete er weiter nicht, erst als ich aufstehen wollte, um zu gehen, kam er doch noch. Gerade wollte ich bestellen und räusperte mich, da war der Kerl schon wieder weg. Was war jetzt bloß geschehen? Ich hatte zu lange gezögert. Man muss seine Bestellung so schnell wie möglich herausposaunen und das mit sehr viel Nachdruck, erkannte ich später. Bloß keine kostbare Kellnerzeit verplempern!

Fünf Minuten später kam er doch wieder. In Überschallgeschwindigkeit zählte er die Tagesgerichte auf. Ich dachte, ich könnte so einigermaßen Französisch, aber damit war es wohl doch nicht so weit her. Ich verstand nur Wortfetzen. Bis heute muss ich mich bei der Auflistung immer richtig konzentrieren. Weil er mich so herablassend anblickte, als ich zögerte, bestellte ich schnell einfach mal auf gut Glück die Nummer zwei aus seiner Speiseliste. Bevor der wieder weg war. Das Essen kam schneller als erwartet. Aber was war das jetzt auf meinem Teller? Schmeckte wie Leber, nur härter. Der Kellner hatte mir einen gemischten Salat garniert mit gebratenen Nieren serviert. Die Franzosen lieben jede Art von Innereien, die für uns eher gewöhnungsbedürftig sind. Und überhaupt essen sie jedes Vieh mit Haut und Haar, auch das, wovor es uns richtig schüttelt. Tückisch, diese Speisekarten. Was da draufsteht, schockiert uns Ausländer oft.

Die Fallen der Speisekarte

Eine kleine Einführung in die französischen Spezialitäten, um Hirn, Nieren und Kalbsköpfe auf dem Teller zu vermeiden:

Joue de bœuf – Rinderwange
Museau de porc vinaigrette – Schweinskopfsülze mit Vinaigrette
Tripes – Innereien, Kutteln
Ris de veau – Kalbsbries
Rognons – Nieren
Pieds de porc – Schweinefüße
Pieds de veau – Kalbsfüße
Langue de bœuf – Rinderzunge
Abats – Innereien
Cervelle – Hirn
Andouillette – Kuttelwurst
Salade de gésiers – Salat mit Geflügelmagen

Lassen Sie Ihrer Phantasie freien Lauf, zwischen Schnauze und Pfote findet sich in Frankreich noch so allerhand Essbares ...

Bei der Kaffeebestellung nach dem Essen erging es mir nicht besser. Ich wollte einen *café au lait* und wartete auf eine große Tasse Kaffee mit Milch wie in Deutschland. Stattdessen brachte der Kellner mir einen Espresso mit einem Kännchen Milch daneben. Doch wie sollte die Milch nur in die winzige Espresso-Tasse, ohne alles zum Überlaufen zu bringen? Was ich noch nicht wusste: Es ist schlichtweg sinnlos, *café au lait* zu bestellen und einen Milchkaffee zu erwarten. Es heißt *café crème* oder einfach nur *un crème*, was «kremm» ausgesprochen wird.

Dann kommt etwas, was zumindest entfernt an einen deutschen Milchkaffee erinnert.

Noch schwieriger als einen deutschen Kaffee zu bekommen, ist es allerdings, einen Latte macchiato zu ergattern. Den gibt es in Deutschland an jeder Ecke, doch in Frankreich weiß damit kaum jemand etwas anzufangen. Hier wird schön die französische Kaffeekultur hochgehalten. Fragte ich nach einem Latte, erging mir das meist so: «Einen Latte macchiato, bitte.» Entweder antwortete der Kellner mit «Häh?», oder er brachte einen Espresso mit etwas Milch drin. Da kostete die Tasse dann fünf Euro. Manchmal kommt auch ein Eiskaffee für sechs Euro. So zieht man Touristen über den Tisch. Eins ist der französische Kellner ganz sicher nicht: ein zugänglicher Zeitgenosse. Undenkbar, sich ihn wie in den USA mit einem Namensschild an der Jacke vorzustellen – «Hi, I'm François» – oder als jemand, der freundlich wie in Deutschland fragt: «Hallo, wie geht's?» Der französische Kellner lässt keinen Zweifel daran, dass er es eigentlich nicht nötig hat, zu bedienen. Manchmal fühlt man sich im Restaurant in Frankreich an seine Schultage erinnert: Alle spielen auf dem Schulhof, nur man selbst steht in der Ecke und wird nicht beachtet. Ätsch! Das macht den Kellnern ganz offensichtlich ebenso viel Freude wie den Schulkindern.

Und wie störrisch Ober sind! Bestellt man zu einem Essen Weiß- statt Rotwein, obwohl es nicht passt, blicken die einen arrogant von oben herab an. Will man einen Pastis als Verdauungsschnaps haben, weisen sie einen zurecht: «Aber Madame, sind Sie wirklich sicher, dass Sie einen Pastis wollen?» Einen Pastis trinkt man in Frankreich nur vor dem Essen zum Aperitif. Deshalb wird die Bedienung sich erst mal hartnäckig weigern. Versuchen Sie mal einen französischen Kellner von seinen eisernen Servierprinzipien abzubringen! Wie oft habe ich gesagt: «Ich hätte gern meinen Kaffee gleich zum Dessert.» Nicht ein einziges Mal ist mir das gelungen, und das hat heute auch nichts mehr mit meinem Französisch zu tun. Wäre doch gar nicht so schwierig, oder? Nur leider entspricht es gar nicht der französischen Gewohnheit. Der Kaffee kommt nach dem Dessert. Basta. Und das, obwohl der Kellner bei meiner Bestellung lächelnd *oui* gesagt und *avec plaisir*, mit Vergnügen, hinzugefügt hatte.

Glücklicherweise verrieten mir Julie und Charlotte ein paar Tricks im Umgang mit der französischen Kellnerzunft. Endlich konnte ich in Restaurants und Cafés gehen und fühlte mich nicht mehr wie eine Touristin. Was hatte ich vorher alles falsch gemacht! Ich war in ein Fettnäpfchen nach dem anderen getreten. Ich lernte, dass man im Restaurant nicht einfach an den besten Tisch rennt, den man sich selbst ausgesucht hat, sondern an der Tür des Restaurants wartet, bis man platziert wird. Dann kann man über einen besseren Tisch diskutieren als den zugewiesenen. Es gibt eben nichts in Frankreich, über das man nicht verhandeln könnte! Bekam ich früher oft den Tisch neben der Toilette, schaffe ich es heute sogar, den Fenstertisch zu ergattern. Julie sagte mir mal: «Du musst aufhören zu glauben, dass die besten Tische immer für die anderen reserviert sind. Dann wirst du automatisch gut platziert.» Weil es bei mir an der für Julie und andere Französinnen typischen Nonchalance und dem unerschütterlichen Selbstbewusstsein leider immer noch hapert, verriet mir Julie einen Trick. «Denk dir einen besonders wohlklingenden Namen aus, wenn du reservierst. Das zieht immer. Was Adeliges am besten.» Bloß nichts kompliziertes Ausländisches, dann verliert der Platzanweiser im Restaurant von vornherein die Lust, und ein «de» davor kann nichts schaden. De Chamier nehme ich gern, so hieß meine Oma, deren Ahnen aus einer alten Hugenottenfamilie stammten. Das wirkt wirklich Wunder. Wenn ich im Restaurant ankomme, werde ich hofiert. Na und wenn es doch mal nicht zieht, dann darf man nur nicht den erstbesten Tisch akzeptieren. Schon gar nicht in einem Restaurant, wo es nur darum geht, zu sehen und gesehen zu werden.

Jetzt wollen Sie garantiert wissen, wie man das anstellt? Man kann es auf dem direkten Weg machen und diskutieren, das klappt aber selten. Nein, man muss sich den Tisch verdienen. Besser ist deshalb etwas Theater, und das ist auch noch amüsant. Das habe ich mal bei einem Treffen mit Charlotte in der Szenebar «Le Fumoir» in der Nähe des Louvre beobachtet. Ich wurde ärgerlicherweise an den letzten Tisch in der hinteren Ecke verfrachtet, wo man garantiert nichts sieht. Kein anderer Tisch war frei. Charlotte kam etwas später: «Wo sitzt du denn? Ich habe dich fast nicht gefunden.» Dabei sah sie mich vorwurfsvoll an, der Platz gefiel ihr gar nicht. Als einige Tische weiter vorn an der Bar frei wurden, winkte Charlotte die Bedienung heran. «Können Sie die Gardinen etwas aufziehen? Das ist hier so dunkel», fragte sie erst mal. Die Kellnerin zog die Gardinen auf. Ein paar Minuten später rief Charlotte sie wieder: «Wissen Sie, in dieser Ecke kann man echt klaustrophobisch werden, da vorn ist doch was frei ...» So was kann man in Frankreich machen, das ist nicht peinlich. Und man wird auch noch ernst genommen, sehr ernst sogar. Die Kellnerin jedenfalls hatte offenbar die Nase voll von den Klagen und schickte uns an den netteren Tisch. 1:0 für uns. Das fing richtig an, mir Spaß zu machen.

Charlotte führte mich an dem Abend noch in einige Restaurantregeln ein. So finden es die Franzosen unmöglich, wenn jeder sich ausrechnet, was er verzehrt hat. «Typisch deutsch ist das», sagte Charlotte, die das oft in Berlin erlebt hat. «Wir rechnen nicht beim Essen.» Die ganz normale deutsche Frage im Restaurant: «Zahlen Sie zusammen oder getrennt?», wird in Frankreich nie gestellt. Hier wird ganz diskret die Rechnung auf den Tisch gelegt und dann unter den Gästen entschieden, wer was bezahlt. Meist zahlt übrigens der Mann alles! Es sei denn, man ist mit einer Gruppe von Freunden unterwegs. Mich ärgerte es anfangs häufig, dass ich ganz sparsam ohne Vorspeise und Nachtisch bestellte und dann plötzlich alle gleich viel zahlten, auch die, die sich richtig satt gegessen hatten. Da sieht man ganz großzügig drüber hinweg. Doch dass jeder seinen Anteil rausrechnet, ist hier einfach undenkbar. Nur bei unserem deutschen Stammtisch in Paris halten wir es anders. Franzosen finden das geizig. Beim Essen mit französischen Freunden hilft daher nur eins: selbst richtig zulangen. Auch das mit dem Trinkgeld funktioniert viel diskreter. Wenn Nina aus Deutschland zu Besuch war und wir ins Restaurant gingen, versuchte sie immer die Summe, wie von zu Hause gewohnt, gleich raufzurechnen. Doch das verstand kein Kellner. Und man fühlt sich als Gast ja auch sehr verpflichtet, angemessen zu zahlen, weil es sozusagen unter Aufsicht passiert. Ich finde es angenehm, dass man in Frankreich ein Trinkgeld erst auf dem Tisch lässt, nachdem schon bezahlt ist. Das ist weniger peinlich. Man kann wirklich so viel zahlen, wie man möchte – ohne einen abschätzenden Kellnerblick. In Frankreich gibt es keine vorgeschriebenen Regeln über die Höhe des Trinkgeldes. Jeder zahlt danach, ob der Service schlecht oder ausnahmsweise auch mal zuvorkommend war. Ach, was für ein Genuss, sich wenigstens auf diese Art an gemeinen Bedienungen rächen zu können!

Kaum jemand geht so oft ins Restaurant wie die Franzosen. An jeder Ecke gibt es ein Café oder Bistro. Ein Tag ohne *un petit noir*, einen kleinen schwarzen Kaffee, ist undenkbar. Wenn ich, nachdem ich meine Kinder morgens in die Schule gebracht habe, in die Bar an meiner Ecke gehe, treffe ich alle aus dem Viertel. Arbeiter, Geschäftsleute auf dem Weg zur Arbeit und Mütter, die gerade wie ich ihre Kinder in der Schule abgeliefert haben. Bei einem Espresso erzählt man sich die Neuigkeiten. Auch abends, bevor man nach Hause geht, führt der Weg oft auf ein Glas Wein im Café an der Ecke vorbei. Kuchen isst da allerdings niemand mal so zwischendurch. Wenn die Sonne scheint, stehen überall Tische draußen, und alle beobachten das Treiben auf der Straße. Viele arbeiten sogar in den Cafés, bringen Computer und Schreibblocks mit. Das Leben spielt sich auch deshalb viel draußen ab, weil die Wohnungen kleiner sind als in Deutschland. Niemand stört es, mit zwei Kindern in einer Dreizimmerwohnung zu leben. Das Geld, das man an Miete spart, trägt man ins nächste Bistro.

Jedes Mal, wenn ich an all den kleinen Straßencafés vorbeigehe, bin ich bezaubert. Niemals zuvor habe ich in einer Stadt gelebt, wo das Leben derart an eine Theaterbühne erinnert. Paris ist natürlich das Zentrum dieses Lebens als *spectacle*, wie in Frankreich jede Art von Inszenierung heißt. In der Hauptstadt, die im Vergleich zu Berlin oder London mit ihren rund zwei Millionen Einwohnern und nur 87 Quadratkilometern winzig ist, hat man das Gefühl, dass das französische Wesen in jeder Hinsicht besonders ausgeprägt ist. In der Metropole ballt sich die Macht von Politik, Wirtschaft und Kultur, wer Karriere macht, landet über kurz oder lang in Paris. Nirgendwo gibt es wohl so einen Gegensatz zwischen Hauptstadt und Provinz. Und dann auch noch zwischen dem reichen Westen und dem armen Osten.

Ich wohne heute im Pariser Osten im ehemaligen Arbeiterviertel Belleville, was so viel heißt wie «schöne Stadt». Hier findet man neben den in den siebziger Jahren entstandenen Hochhaussiedlungen noch das alte Paris. Winzige Häuser aus

dem 19. Jahrhundert mit kleinen Gärten versteckt in Hinter-
höfen, die mittlerweile ein Vermögen kosten und von keinem
Arbeiter mehr bezahlt werden können. Statt Autolärm höre
ich die Vögel zwitschern, aber wenn ich aus meinem Haustor
gehe, tobt das Leben. Diese Gegensätze, das ist für mich Paris.
Ohne weit zu laufen, findet man in jedem Viertel eine Bar oder
ein nettes Restaurant. Und in den Wohnvierteln sind sogar die
Kellner etwas netter als in den Geschäfts- oder Touristenvierteln. Womit wir wieder beim Thema Kellner wären.

Wie man sich vom Kellner nicht zur Minna machen lässt

*D*ass der Kellnerzorn nicht nur Touristen trifft, wie ich
zunächst angenommen hatte, wurde mir erst klar, als
ich schon mehrere Jahre in Paris war und mit Julie in einem
angesagten Lokal in der Nähe der Tuilerien aß. Zwischen uns
und den Nachbarn waren gerade mal zwei Handbreit Platz. Nur
wer schlank ist, konnte sich hier durchquetschen. Wir saßen
auf dem winzigen Bürgersteig. Ich hatte echt Angst, dass mir
jemand die Handtasche klaute oder den Rucola-Salat von meinem Teller schnappte. Direkt daneben parkten die Autos ein.
Dennoch war das Café knallvoll. Niemand schien den Verkehr
zu bemerken.

«Pass mal auf», sagte Julie. «Ich zeig dir jetzt, wie das mit
dem Kellner geht.» Sie hob ihr Kinn etwas, blickte langsam zur
Seite, so lange, bis sie Augenkontakt mit diesem hatte, dann
zuckte sie einmal langsam mit dem Kopf und schon kam er an-
gedackelt. Das hatte wirklich bestens geklappt. Wer das mit den
französischen Kopfbewegungen nicht so richtig hinbekommt,
der kann zur nachdrücklichen Blickkontaktsuche seine Hand

etwas hochheben und mit zwei Fingern wedeln – auch wenn das so aussieht, als ob man sich wie in der Schule meldet.

Doch obwohl Julie ihr nettestes Lächeln aufgesetzt hatte, war der Kellner nicht gerade freundlich. Sie fragte nach Brot und einer Karaffe Wasser. Da erwiderte er doch zickig: «Sonst noch was?» Eine Minute später fiel ihr wirklich noch was ein, und sie rief ihn wieder: «Könnten Sie auch noch Salz mitbringen?» Worauf der glatt erwiderte: «Warum sagen Sie das nicht gleich?» Ich staunte: «Die Kellner sind nicht nur zu Ausländern so unverschämt. Das muss wohl zu ihrem Berufsethos hier gehören.» Franzosen bestellen übrigens fast immer *une carafe d'eau*, Leitungswasser, und das gibt's kostenlos. *Eau gazeuse*, Mineralwasser, trinken die Franzosen nicht gern. Wenn man allerdings nur *de l'eau*, Wasser, bestellt, dann wird Mineralwasser gebracht.

Julies Essen kam lauwarm an. Sie ließ es zurückgehen. Lauwarmes Essen ist in Frankreich nicht ungewöhnlich. Die Teller werden so lange in der Küche aufbewahrt, bis alle Speisen für einen Tisch fertig sind. Deshalb muss man oft lauwarm essen, was ich bis heute hasse. In Deutschland werden die Essen einzeln rausgetragen, man darf auch schon mal früher anfangen und muss nicht erst warten, bis alle Teller da sind. Das ist zwar weniger höflich, aber zumindest ist das Essen warm. Als Julies Steak zum zweiten Mal kam, war es zu durchgebraten. Julie beschwerte sich mit einem vorwurfsvollen Gesichtsausdruck: «Ich habe mein Steak medium bestellt.» Plötzlich wurde die Bedienung richtig zahm und nett. Wenn irgendwas gegen die Kellnerehre geht, sind das falsch gebratene Steaks. «Die Küche ist völlig überlastet heute», entschuldigte er sich doch glatt. Ich hätte nie gedacht, dass sich ein französischer Kellner mal entschuldigt. Nie! Julie wurde nicht nur das Essen nochmal neu zubereitet, wir bekamen auch als Geschenk des Hauses ein

Dessert umsonst. Da war mir alles klar: Nicht nett muss man sein, sondern so kapriziös wie möglich, dann liegen die Kellner einem hierzulande zu Füßen.

Was mich nach all den Jahren übrigens immer noch etwas schockiert: wie die Franzosen ihr Steak essen – bluttriefend, und ständig wischen sie sich das Blut mit der Serviette vom Mund. Wenn der Kellner fragt: «*Quelle cuisson?*», «wie durchgebraten?», hat man die Wahl zwischen *bleu* (roh), *saignant* (blutig), *à point* (rosé) und *bien cuit* (gut durch). Leider ist *à point* für den deutschen Geschmack noch immer zu blutig und *bien cuit* knallhart wie eine Schuhsohle. Wie oft habe ich versucht, mein Steak zwischen Rosé und Schwarz zu bekommen. Meist ohne Erfolg. Die Standardantwort lautet dann so: «Aber Madame, wir haben genaue Garzeiten für *à point* und *bien cuit*. Anders können wir das nicht machen.» Was so ist, das ist eben so. Und man kann es sich ja schlecht selbst in der Küche braten.

Häufig ist mir außerdem (besonders am Anfang) aufgefallen, dass das Essen absolut nicht unseren Erwartungen und Klischees von französischer Küche entspricht. Mit 80 Prozent Wahrscheinlichkeit sogar, schätze ich mal ganz locker. Das fängt schon beim Klassiker in den oh so gelobten französischen Restaurants an: Pommes mit Rindersteak, *Steak frites* genannt. Ja, Umfragen ergaben sogar, dass dieses das Lieblingsessen der Franzosen ist. Ganz schön prosaisch. Die überteuren Restaurants in den Touristenvierteln meide ich deshalb schon seit langem, ebenso wie die berühmten Cafés in Saint-Germain-des-Prés, wo einst Jean-Paul Sartre, Ernest Hemingway, Bertolt Brecht und Stefan Zweig ein und aus gingen. Das ganze Viertel Saint-Germain-des-Prés, das bis vor einigen Jahrzehnten noch als das Zentrum der Künstler und Intellektuellen galt, ist heute voller Modeboutiquen, ein Mekka des Konsums. Die

Künstler sind längst aus dem 6. Arrondissement in den Osten abgezogen, ins obere Marais, die Viertel um den Canal Saint Martin und nach Belleville. Hier sehen die Restaurants noch so romantisch aus, wie man sie sich vorstellt, mit Schiefertafel und Marmor- oder Holztischen. Und sind günstig. Mittags esse ich dort oft ein ganzes Menu für 15 Euro, seit der Wirtschaftskrise ist es manchmal sogar noch günstiger.

In diesen traditionellen Bistros habe ich alle Klassiker probiert und kann sie wärmstens empfehlen: *Petit salé aux lentilles*, Schweinerippe, -bauch oder -hachse auf Linsengemüse, *Joue de porc*, Schweinebäckchen. *Pieds de porc*, Schweinefüße. Da kann man nichts falsch machen – auch wenn es nicht unbedingt Haute Cuisine ist. Ich hätte nie gedacht, dass ich mal Schweinefüße bestellen würde, Eisbein jedenfalls hätte ich in Deutschland nie runterbekommen. Ich bin immer wieder überrascht, wie gut das Essen in den kleinen Restaurants ist. In meinem Viertel gibt es wie in den meisten Gegenden von Paris mehrere in Seitenstraßen versteckt gelegene Bistros mit leckerem Menu.

In einem meiner Lieblingsläden mit Weinen in Holzregalen und hängenden Würsten an der Bar ist nicht nur das Essen köstlich, sondern auch der Weinexperte erstaunlich gut informiert. Den haben auch viele kleine Restaurants im Weinland Frankreich, und so erfährt man ganz nebenbei noch allerhand über Weine. «Ich habe einen ganz feinen Tropfen», sagt Olivier, der Kellner in meinem Stammlokal, immer, und dann erklärt er: «Wir kennen jeden unserer Weinbauern, ich fahre häufig nach Südfrankreich und probiere die Weine.» Er hat wenige ausgewählte Flaschen im Angebot, die immer genau zu den Essen passen, die durch die Gegend in Südwestfrankreich zwischen Dordogne, Languedoc und Baskenland inspiriert sind. Wenn der Korken gezogen ist, schnüffelt der Kellner auch gern mal

ganz dicht an der Flasche, was durchaus gewöhnungsbedürftig ist. In keines dieser Restaurants gehe ich allerdings abends
vor 20.30 Uhr oder 21 Uhr, sonst sitzt man da allein, wie meine
deutschen Freunde, die spätestens um 19 Uhr immer wahnsinnig Hunger haben. Viele der kleinen Bistros öffnen ohnehin
erst um 20 Uhr. Wer französische Essatmosphäre erleben will,
muss sich gedulden. Wir tafeln hierzulande später. Um 22 Uhr
ist Hochbetrieb, dann, wenn in Deutschland der Koch schon
fast im Bett liegt.

KAPITEL 3

Le Chaos – unterwegs in Frankreich oder wie mogel ich mich am besten durch

Mit dem Rad durch Paris

*M*it dem Fahrrad bin ich zur Schule und Universität in Deutschland gefahren, später zur Arbeit in Hamburg und Berlin, auf bequemen breiten Fahrradwegen oder an der Alster entlang. Das Fahrrad war immer mein Hauptverkehrsmittel, ein Auto habe ich nie besessen. Und so nahm ich in meinem Umzugstransporter nach Paris natürlich auch mein Fahrrad mit. Das erste hatte ich nicht lange. Das war nach zwei Wochen aus meinem Innenhof an der Bastille gestohlen. Ich gab nicht auf und kaufte mir ein neues. Paris wollte ich auf dem Fahrrad erobern. Mein Nachbar Christophe zeigte mir einen Vogel, als er mich tollkühn losradeln sah.

Bald verstand ich auch, warum. Ich fuhr aus meiner kleinen Seitenstraße auf den Platz an der Bastille und geriet sofort in Panik. Wer hatte jetzt eigentlich Vorfahrt, und warum kam aus der Ecke rechts hinten schon wieder einer rausgeschossen? Ich wollte um die Kurve fahren, nur gelang mir das leider gar nicht. Immer drängte sich ein Auto vor. Plötzlich stand ich mitten auf dem Platz zwischen lauter hupenden Wagen und wusste nicht weiter. Wie war ich da nur hingelangt? Zitternd versuchte ich wieder zum Straßenrand zu kommen, doch die hupten nur immer weiter. Keiner machte Platz. Mit wackeligen Beinen erreichte ich endlich den Bordstein und stieg ab. Meine erste Lektion hatte ich gelernt: Um die Bastille wollte ich in Zukunft mein Rad lieber schieben, todesmutig war ich nicht.

Die erste Hürde hatte ich hinter mir, doch es ging gleich weiter auf dem Weg von der Bastille bis zu meinem Büro an den Champs-Élysées. Immer schön geradeaus auf den großen Straßen, dachte ich mir, da kann am wenigsten passieren. Aber an den Seiten parkten ständig Lastwagen, mir gelang es gerade immer noch in letzter Minute auszuweichen. Als ich um die Laster herumfuhr, rasten Autos so schnell sie konnten haarscharf an mir vorbei, ich spürte förmlich, wie mich ihre Rückspiegel streiften. An mehreren Straßenkreuzungen wäre ich fast gegen ein Auto geprallt. Denn die Raser von hinten bogen rasant nach rechts ab, ohne auf mich zu achten. Ich schimpfte ihnen mit erhobener Faust hinterher und schwor Rache. Manche schienen allerdings selbst ganz überrascht zu sein, wenn sie mich gerade noch rechtzeitig in letzter Sekunde entdeckten und knapp vor mir mit Vollbremsung hielten. Fahrradfahrer kannten die damals noch gar nicht, ich war in meiner Anfangszeit wohl die einzige auf den Pariser Straßen.

Als ich auf den Champs-Élysées ankam, war ich total fertig. Aufgeben wollte ich trotzdem nicht, auch wenn es eine richtige Tortur war. Doch immer noch besser als morgens in der überfüllten Metro eingeklemmt zu stehen. Ich radelte weiter durch Paris und entdeckte die Viertel. Allerdings so vorsichtig, als ob ich gerade erst Radfahren gelernt hätte. Jedes Mal, wenn ich eine steile Straße runterfuhr, bremste ich ständig und fuhr im Sicherheitsabstand an den Autos vorbei, nachdem ich einmal fast gegen eine Autotür gestoßen wäre, die sich gerade öffnete.

Ein gutes Jahr fuhr ich schon durch Paris, als die Stunde der Rache schlug. Ich wachte morgens auf und hörte ein lautes Hupkonzert draußen. Als ich auf die Straße ging, fiel mir ein: Das ist der angekündigte Streik. Der Bürgersteig war voller

Müll. Betten, Toiletten und Schränke lagen neben stinkenden Küchenabfällen. Auf der Straße reihte sich ein Auto ans andere, die Bürgersteige waren voller Fußgänger. Alle streikten, weil sie mehr Geld wollten, die Bahnen, die Müllabfuhr, die Lastwagenfahrer und noch so allerhand andere. Das Streikvirus war offenbar äußerst ansteckend.

Unter Rebellen – warum die Franzosen so viel streiken

Streiken ist garantiert eine der Lieblingsbeschäftigungen der Franzosen. Wollen die Angestellten der Eisenbahn SNCF mehr Geld, streiken sie. Soll es Reformen in der Schule geben, wird massiv demonstriert. Will die Stadtreinigung bessere Arbeitsbedingungen, geht gar nichts mehr. Uns Deutsche überrascht es immer, wie ausgesprochen erfinderisch die Franzosen beim Streik sind. Da werden nicht einfach nur ein paar Plakate in die Luft gehalten. Nein, das wäre zu langweilig! Stinkende Fische werden auf die Straße gekippt, weil die Fischer nicht genug fischen dürfen. Milch fließt in Strömen, weil die Milchbauern nicht mehr Zuschüsse bekommen, Fuhren mit Mist landen vor dem Rathaus, weil man weniger düngen soll. Wein fließt in die Gosse, weil die Traubenpreise sinken. Und seit einiger Zeit wird es immer radikaler.

«Warum streiken und demonstrieren die Franzosen so viel?», wurde ich häufig von meinen deutschen Redaktionen gefragt. «Ist das ein Revolutionserbe? Sind die deshalb so rebellisch?» Lieber Kampfansage als Diskussionsrunde, heißt es, und das hat einen Grund. Es bleibt nur die Macht der Straße, weil die Gewerkschaften viel zu schwach sind. Nur neun Prozent sind gewerkschaftlich organisiert – in Deutschland mehr als ein Viertel –, da zieht nur die Revolte. Gegen neue Arbeitsrechtsreformen oder Schulreformen demonstrierten in den letzten Jahren regelmäßig zwei oder drei Millionen Menschen auf Frankreichs Straßen. Wenn sich der Zorn auf der Straße entlädt, geht die Regierung regelmäßig in Deckung und gibt häufig nach. Die Streikenden wissen, dass sie die Bevölkerung hinter sich haben, auch wenn die Leute wochenlang zu Fuß laufen müssen. Ein Streik muss möglichst Aufsehen erregen, sonst bemerkt ihn niemand mehr. Deshalb sind Warnstreiks wie in Deutschland völlig unbekannt, darüber können alle nur lachen. Das Besondere an Frankreich: Sogar die Beamten dürfen streiken, und sie stehen häufig bei den Streiks in der ersten Reihe.

Ich kam mit dem Fahrrad jedenfalls kaum durch, aber die Autos zu meinem Vergnügen noch weniger. Ha, das gönnte ich ihnen richtig! Ich schlängelte mich durch jede Lücke und versperrte den Autofahrern den Weg. Die waren vielleicht wütend und schrien aus den Fenstern. Ich klopfte noch einmal fröhlich an die Scheibe, winkte und radelte schnell davon. Der Streik dauerte schon einige Tage, als ich plötzlich immer mehr Fahrradfahrer auftauchen sah. Wo kamen die denn her? Es schien, als hätten alle Pariser die Fahrradläden leer gekauft. «Es gibt kaum noch Fahrräder zu kaufen», las ich dann auch in den Zeitungen. Wer noch eins erwischt hatte, konnte von Glück sagen. Denn der Streik zog sich einen ganzen Monat hin.

Mit dem Streik hatte in Paris die Stunde des Fahrrads geschlagen. Immer mehr entdeckten das Rad, und ich war nicht mehr allein gegen den Autofahrerfeind. Seit einigen Jahren gibt es sogar Fahrradwege. Doch damit ist das auch so eine Sache. Ständig muss ich um Autos herumfahren, die darauf parken. Und auch die Fahrradfahrer gehen mir ziemlich auf die Nerven. Sie scheinen sich wie in einem Dorf ohne Verkehrsregeln zu fühlen. Rote Ampel? Einbahnstraßen? Gilt doch nicht für

Radler. Mir tun auch die Fußgänger leid. Manch einer muss den Radlern auf dem Bürgersteig aus dem Weg springen.

Mit dem Auto mitten im Straßenkampf in Paris

*N*ach einigen Jahren hatte ich den Kampf mit dem Fahrrad erst mal satt. Ich wollte ein Auto, das erste in meinen Leben. Nur wer in Paris einmal Auto gefahren ist, kennt die Stadt und die Franzosen wirklich. Und dann begann mein Straßenkampf mit dem Auto. Eines Sonntags wagte ich mich dann mit meinem neuen Golf mit deutschem Kennzeichen auf die Straße. Und das war nicht besser als mit dem Fahrrad. Wieder begann ich an der Bastille. Das ging schon ganz gut. Weiter vor zur nächsten Ampel. Mein Vordermann fuhr gerade noch schnell bei Orangerot rüber. Ich stoppte und hörte hinter mir quietschende Reifen. Wüste französische Schimpfworte begleiteten das Quietschen. Galt das mir? Oder meinem deutschen Nummernschild? Was wollte der nur? Später, als ich die Franzosen einige Wochen beobachtet hatte, wusste ich auch, warum. Alle fahren schnell noch rüber, bevor die Ampel auf Rot springt. So verhindern sie, dass der Hintermann auffährt, der auch noch schnell mal rüberwill. Ob sie damit die Kreuzung verstopfen, ist ihnen egal. Zu früh an der Ampel zu halten, ist nicht nur ein Fauxpas, sondern glatt gemeingefährlich. Ständig stand ich deshalb während der Stoßzeiten auf blockierten Kreuzungen, weil jeder noch eben über die Ampel fahren wollte. Zwischendrin gestikulierte immer mal wieder wild ein hilfloser Verkehrspolizist und versuchte die Situation in Griff zu bekommen. Mit der roten Ampel stehen auch meine Freundinnen auf Kriegsfuß, wenn sie zu Fuß unterwegs sind. Eins hatte Charlotte in Deutschland nie verstanden:

«Warum bleibt ihr Deutschen wie die Schafe an der Ampel stehen, auch wenn weit und breit kein Auto zu sehen ist?» Na, das sei doch einfach dämlich und sinnlos, obrigkeitshörig gar. Wie soll man das erklären? Für Franzosen sind rote Ampeln so etwas wie Schlange zu stehen. «Un-er-träg-lisch. Rote Ampeln sind was für Leute, die Zeit haben», fand Charlotte. Und wenn ich dann mal in Deutschland über die rote Ampel ging, kam garantiert irgendeine Mutter und rief: «Schlechtes Vorbild für die Kinder.» Die Franzosen gehen sogar bei Rot über die Straße, wenn die Polizei direkt danebensteht, und als Autofahrer hielt ich ständig nach halbblinden alten Damen Ausschau, die auch ganz gemütlich bei Rot über die Straße spazierten. Das war fast noch anstrengender als die anderen Autos.

Nach Lust und Laune wechselten die Autofahrer vor mir einfach unangekündigt die Spuren oder bogen von der rechten Spur haarscharf vor mir vorbei nach links ab. Der Blinker ist nur eine Attrappe, auch am Zebrastreifen hält niemand. Ich habe mich schon oft gefragt, warum diese überhaupt noch wieder neu angemalt werden. Rechts vor links, davon scheint auch noch niemand gehört zu haben. Wurde ich dann wütend, pöbelte man mich an. Ständig wird jemand angeschrien und nicht nur ich. Die Taxifahrer sind die Schlimmsten. Sie öffnen die Fenster und rufen *connard* (Idiot) oder *fils de pute* (Hurensohn) und drohen wütend mit der Faust. Wenn man die gängigen französischen Schimpfwörter lernen will, braucht man nur mal einem Taxifahrer zuzuhören. Im Zickzack fuhr ich so durch Paris, weil ich ständig anderen ausweichen musste. Da parkte schon wieder jemand in Doppelreihe, das scheint ein äußerst beliebter Sport zu sein. Das geht so: rausspringen, ohne sich nach hinten umzuschauen, Motor anlassen, schnell ein Brot oder eine Zeitung einkaufen. Dann geschwind wieder ins Auto springen und sofort ohne gucken losbrausen. Das habe ich bis heute nicht gewagt.

Dennoch, ich fand mich couragiert, wie ich durch Paris fuhr, und war auch ziemlich stolz auf mein neues Auto, aber nach kurzer Zeit war schon die Stoßstange eingedellt. «Hast du die Bremse beim Parken angezogen», fragte mich Christophe. «Klar, warum nicht», wollte ich wissen. Zumindest wenn man nicht am Berg parkt, sollte man die Handbremse lösen, damit das Auto besser von Einparkenden geschubst werden kann. Anstoßen mit der Stoßstange ist normal, es wird nach Gehör geparkt. Das fand ich nun wieder eine hübsche Idee. Einparken war noch nie so meine Stärke. Ich hatte mich schon oft gefragt: Wie soll ich mich bloß in die winzigen Lücken quetschen? Jetzt wusste ich es, und das nutzte ich nach Herzenslust aus. Das Autofahren in Paris begann mir langsam zu gefallen.

Also fuhr ich ganz beschwingt zur Place de l'Étoile um den Triumphbogen mit den zwölf Sternstraßen. Das ist sozusagen DER Autofahrertest in Paris. Jetzt hieß es furchtlos zu sein. Ich machte mir selbst Mut, fuhr hinein, rechts, links, vorn und hinten gingen die anderen Autos auf Tuchfühlung. Sie rasten schnell in den Platz rein, schleusten sich durch und fuhren wieder raus. Nur ich blieb stecken und kam nicht mehr raus, also noch eine Tour um den Platz. Bei der zweiten Umrundung hatte ich es gepackt, ich fuhr auf die Champs-Élysées wieder heraus. Ich hatte den Paristest geschafft und fühlte mich so stolz wie mit 18, als ich meinen Führerschein in der Hand hielt.

Nach meinen Erfahrungen im Straßenverkehr wundert es mich nicht, dass das Auto keine heilige Kuh ist wie in Deutschland. Klar, dass hier so viele Schrottkisten wie in einem Entwicklungsland herumfahren. Das Auto ist kein Prestigeobjekt oder Statussymbol wie in Deutschland, sondern ein Gebrauchsobjekt, das nur mäßig gepflegt wird. Der Kult ums Auto ist den

Franzosen völlig fremd. Poliert und gewaschen wird der Wagen auch nicht ständig. Wenn ich da an den samstäglichen Waschtag unserer Väter denke ...

Ich habe hier jedenfalls schon so einige Autos verschlissen. Mein Golf mit dem deutschen Kennzeichen war eine Katastrophe. Mehrmals wurde er aufgebrochen. Diebe haben häufiger versucht ihn zu stehlen, bekamen aber offenbar die Wegfahrsperre nicht auf. Mein Lenkrad hing mal herausgerissen auf dem Fahrersitz. Zum Schluss fand ich meinen Wagen an einem Sonntagmorgen verbrannt auf der Straße. Danach kaufte ich mir ein unauffälliges Modell und wählte ein französisches Kennzeichen, doch das war auch nicht viel besser. Denn nach einigen Monaten war die Motorhaube verschwunden, die hatte wohl jemand als Ersatzteil gebraucht.

Système D – Tricks à la française

*M*it dem deutschen Kennzeichen konnte ich mich noch unauffällig durch Paris schummeln und parken, wo ich wollte. Doch als ich erst mal das französische Kennzeichen hatte, wurde das schwierig. Denn ständig bekam ich ein Parkticket, auch wenn ich mich nur mal ganz kurz zum Einkaufen auf einen Lieferantenparkplatz stellte. Manchmal sammelte ich drei Stück die Woche, und das wurde langsam teuer, denn ich zahlte sie tatsächlich. Als ich dann einmal mit Julie mit dem Auto unterwegs war, fand ich wieder ein Ticket auf der Windschutzscheibe und fluchte. Worauf Julie mit einem unschuldigen Augenaufschlag fragte: «Bezahlst du die etwa?» Was sollte ich wohl sonst damit tun? War das jetzt etwa wieder falsch? «Wenn ich meine immer bezahlen würde, wäre ich völlig pleite», sagte Julie. Und dann erzählte sie mir, wie sie das erledigt.

«Ich habe da einen Polizisten in meinem Bekanntenkreis, der kümmert sich um die Knöllchen für mich. Er kann mein Strafticket auf dem Computer löschen.» So etwas hatte ich noch nie gehört. Ungeheuerlich fand ich das. Doch in Frankreich schien das ganz normal zu sein, erfuhr ich. Einen befreundeten Beamten mit Zugang zum richtigen Computer hatten offenbar ziemlich viele. Mittlerweile ist das allerdings schwieriger geworden.

«Wäre doch dumm, die Gelegenheit nicht zu nutzen, oder?», fragte Julie. Sie betonte auch ständig: «Regeln sind dazu da, gebrochen zu werden.» Indem man sie missachtet, zeige man seine *indépendance d'esprit*, seine Unabhängigkeit des Geistes. «Ein Gesetz ist dazu da, ausgehebelt zu werden. Sogar die Behörden drücken häufig ein Auge zu und handhaben die Gesetzesauslegung ganz tolerant. Niemand hier schafft es, völlig legal zu bleiben, dazu gibt es einfach zu viele Gesetze.» Ständig werden neue Gesetze verabschiedet, wer soll da den Überblick behalten? Was für ein Chaos! Wie finden die Franzosen sich nur zurecht?

«Deshalb gibt es das *Système D*, es regiert Frankreich», erzählte Julie. D steht für *débrouiller*, was so viel heißt wie «sich zu helfen wissen». Die Franzosen wissen sich einfach in jeder Situation irgendwie durchzuschummeln, nicht immer ganz legal natürlich. System D ist der Trick, der einem aus der Patsche hilft. Mogeln scheint in Frankreich ein Volkssport zu sein. *La magouille*, Gemauschel, nennt man das auch. Als Bauernschläue würde man so etwas wohl in Deutschland bezeichnen, nur geht es noch viel weiter. Alles was ich mal in meiner Jugend über Aufrichtigkeit und Ehrlichkeit gelernt hatte, schien nicht die geringste Bedeutung zu haben. Stattdessen sollte ich plötzlich das Blaue vom Himmel herunterlügen? *Mon Dieu!* Hier herrschten ganz andere Tugenden. Mir etwas über Beziehungen zu beschaffen, dagegen hatte ich nichts. Aber gleich ein

Parkticket mal eben so locker aus dem Weg zu schaffen? Das war schon eine ganz andere Liga.

Überhaupt hält sich kaum jemand strikt an Regeln, auch deshalb, weil oft eben selbst die offiziellen Regierungsvertreter ein Auge zudrücken. Als ich zum ersten Mal schwanger war, setzte ich darauf und bin mit dem Auto immer auf der Busspur gefahren. Was eigentlich strengstens verboten ist. Eigentlich, aber wie immer gibt es Ausnahmen. Als ein Polizist mich anhielt, zeigte ich also auf meinen Bauch und erzählte: «Im Stau bekomme ich Wehen.» Dabei blickte ich ihn ganz treuherzig an. «*Exceptionnellement* (ausnahmsweise)», antwortete der Polizist und kam gar nicht auf die Idee zu fragen, warum ich denn nicht einfach zu Hause blieb. Ich durfte weiterfahren – auf der Busspur versteht sich.

System D begegnete mir immer wieder. Frankreich hatte als eines der ersten Länder ein striktes Antirauchergesetz in öffentlichen Räumen. Nichtrauchen im Land der Gauloises und Gitanes? Unmöglich! Im Nu gab es eine Lösung. Ich beobachtete, wie innerhalb von wenigen Tagen das Gesetz mit einem Trick ausgehebelt wurde. Die Kneipenwirte richteten wenn möglich Terrassen ein und stellten Heizstrahler auf. Jetzt rauchen alle auf den Terrassen, und die Anwohner beschweren sich.

Kein Bereich scheint von der Mogelei verschont. Charlotte trickste mit den Schulen ihrer Kinder. Eigentlich ist das System, wo man seine Kinder einschulen muss, ganz klar, nämlich streng nach Vierteln getrennt. Wenn man umzieht, muss man sein Kind umschulen. Doch wie immer gibt es Ausnahmen von der Regel. Charlotte erzählte mir: «Als wir umzogen und die Schuldirektorin die neue Adresse sah, habe ich sie gebeten, ob mein Sohn nicht weiter bis zum Ende der Grundschule bei ihr bleiben kann. Sie hat mich zur Seite genommen und gesagt: Erzählen Sie es niemand.» Andere machen es noch trickreicher, erfuhr ich auch von Charlotte. Wem die Schule in seinem Viertel nicht gefällt, besorgt sich einfach eine falsche Adresse, bei der Oma, Freunden oder dem Babysitter. Dafür reicht eine Stromrechnung mit seinem Namen. Manche kaufen sich sogar extra eine Miniwohnung dafür, in der sie ihre ganze Familie registrieren, auch wenn diese in Wirklichkeit ganz woanders wohnt. Und so werden die Kinder mit einer Scheinadresse in bessere Schulen geschickt.

Als ich meine Wohnung renovieren wollte, fragten mich alle Handwerker gleich, ob sie mir das mit oder ohne Mehrwertsteuer berechnen sollten. Ich verstand die Frage erst gar nicht. Gab es da eine Wahl? Sie boten mir direkt an, alles in Schwarzarbeit zu machen. Sicherlich gibt es das auch in Deutschland, doch hier nimmt das überhand. Die Putzfrau, die Kinderfrau, die Handwerker – alle werden vielfach unter der Hand bezahlt. Sogar beim Wohnungskauf wird gern ein Teil bar unter dem Tisch durchgeschoben, um Steuern zu sparen. Als ich meine Wohnung kaufte, fragte mich doch glatt der Notar: «Was ist der offizielle Preis?» Nun, es gibt einen offiziellen Kaufpreis und einen echten. Bei der Wohnungssuche war mir das immer wieder begegnet. Viele Verkäufer sagten mir gleich, sie wollten nicht ohne Bargeldzahlung unterzeichnen.

In der Baubranche geht es besonders erfinderisch zu. Immer wieder habe ich davon gehört und in der Presse gelesen, dass Bauprojekte plötzlich höher wurden als erlaubt, Häuser direkt am öffentlichen Strand entstanden oder denkmalgeschützte Gebäude über Nacht abgerissen wurden. Die Behörden drücken stillschweigend ein Auge zu. *Ni vu ni connu*, niemand hat es gesehen, heißt die gängige Formel für diese Art von Tricks und Betrügereien, die mich in meiner ganzen Zeit in Frankreich immer wieder überrascht haben und durchaus gewöhnungsbedürftig sind. Und alle machen dabei offenbar gern mit, bis hinein in die Politik. Ganz schön erfinderisch, diese Franzosen! Mitunter erinnerte mich das an eine Bananenrepublik. Wo war ich nur gelandet? Bis heute schüttele ich manchmal den Kopf, wenn ich mal wieder auf das System D stoße. Wie in diesem Fall, den mir vor kurzem ein Freund erzählte, der an der Côte d'Azur wohnt. Er interessierte sich für ein Grundstück und rief den Verkäufer an. Der sagte ganz ausweichend, auf dem Grundstück dürfe man bisher nicht bauen, es sei erdrutschgefährdet. Und außerdem sei es schon so gut wie verkauft. Da fragte der Freund interessiert nach, wer denn so ein Grundstück kauft. Darauf der Verkäufer: «Der Bürgermeister des Ortes höchstpersönlich.» Der will das in baubares Gebiet verwandeln. «Ja, geht denn das so?», wollte der Freund wissen. Ja, das ginge wohl, meinte der Verkäufer, da gebe es Mittel und Wege. Jedenfalls in Frankreich ...

KAPITEL 4

Comme un coq en pâte – Essen wie Gott in Frankreich und wie ich kochen lernte

Ständig wird gegessen

Geschenkt, ein typisches Klischee: Essen wie Gott in Frankreich. Dennoch, es lässt sich einfach nicht leugnen, wir essen hier unglaublich gut. Und es wird immer noch sehr viel Wert darauf gelegt. Ein Dîner wird regelrecht zelebriert. Auch wenn's nichts zu feiern gibt, wird trotzdem ständig gegessen. Ich finde das immer noch völlig seltsam, dass man zweimal am Tag warm speist und dann auch noch so viele verschiedene Dinge auftischt. Man kommt zu nichts mehr, außer zum Einkaufen, Kochen und Abwaschen. Bin ich zu einem offiziellen Essen eingeladen, etwa zur Lancierung eines neuen Restaurants oder eines Weins, dann tafle ich garantiert drei Stunden. So lange, bis eigentlich gar keine Zeit mehr zum Arbeiten bleibt. Ob man dann noch Hunger hat? Alles Gewohnheitssache, wenn es statt Kartoffelsalat und Würstchen Trüffelrisotto und Langustenschwänze gibt ...

Noch immer, nach vielen Jahren in Frankreich, habe ich manchmal beim Essen das Gefühl, mich in einem Film wiederzufinden, so kunstvoll und irreal wirkt das Ambiente. In *Das große Fressen* (*La Grande Bouffe*) oder einem anderen dieser Filme, die das Thema Essen mit Hingabe behandeln. Eine wahre Schlemmerorgie! Der Tisch vollbeladen mit Schüsseln, jeder hat drei Teller vor sich stehen, um einen herum reden alle wahnsinnig laut durcheinander. Schon nach dem ersten

Gang könnte ich eigentlich aufhören, weil ich mir leider, wenn es schmeckt, den Teller vollhäufe oder gern zweimal zulange, was die Franzosen nie machen würden. Sie wollen sich nicht den Appetit für den nächsten Gang verderben und nehmen nur ein Häppchen von allem. Weil man sich hier ständig mit irgendwas vollstopft, was man in Deutschland nie gegessen hätte, ist man in den ersten Monaten in Frankreich garantiert ständig krank. Ja, man muss aufpassen, dass man keine *crise de foie* bekommt, was nicht etwa wörtlich übersetzt eine Leberkrise ist. Es bedeutet, dass man zu viel gegessen hat und einem übel ist.

Beim Essen, das sich stundenlang hinziehen kann, wird am liebsten übers Essen selbst geredet. Aber nicht über das, was man gerade isst, höchstens ganz kurz. Das gehört sich nicht. Nein, über das Essen an sich. Was die Franzosen mal gegessen haben, was sie gern essen würden, wo sie am besten gegessen haben oder wie etwas zubereitet wird. Es werden Rezepte ausgetauscht und erzählt, wo man was im Viertel am besten einkauft. Wie lange man sich beim Thema Essen aufhalten kann, verblüfft mich immer noch. Ständig hört man Urlaubserzählungen wie die von Charlotte aus der Bourgogne, in denen Essen das Hauptthema ist: «Ach, was haben wir gut gegessen.» Danach folgt eine ausführliche Erklärung, wie die *Foie gras* auf dem Schweinefilet angeordnet war. Und sonst? Der Rest des Urlaubs war offenbar nicht der Rede wert. Hauptsache, man hat gut getafelt.

Ich habe in meinem Leben vorher noch nie so intensiv und ernsthaft über Essen nachgedacht. War es lecker, habe ich mehr gegessen, schmeckte es nicht, eben weniger. So einfach war das. So richtig hatte ich mich fürs Essen und gar Kochen vorher nicht interessiert, aber vielleicht auch deshalb nicht, weil es in Deutschland nicht gerade auf einem silbernen Tablett gebracht wurde. Hier ist Essen eine vornehme Kunst und nicht nur einfach Sättigung. Undenkbar sind hierzulande die deutschen Riesenschnitzel, die den ganzen Teller einnehmen. Wahnsinn, was um Essen für ein Aufhebens gemacht wird. In Deutschland dagegen ist – historisch betrachtet – die Funktion der Nahrungsaufnahme stets wichtiger gewesen als der Genuss, erklärt jedenfalls das Glossar des Deutsch-Französischen Jugendwerkes zum Thema «Küche» (4. Ausgabe, Berlin 2008). Wenn ich nach Deutschland komme, empfinde ich die zwei Fronten mittlerweile als irritierend: Die geizigen Sparer, die möglichst alles bei Aldi und Lidl einkaufen und die eingepackter Käse nicht stört, und dann die anderen, bei denen alles Bio und ganz exklusiv sein muss und zu besonderen Gelegenheiten irgendwelche italienischen Trüffelgerichte zubereitet werden. Dazwischen findet man wenig. In Frankreich dagegen schwört man auf wohlschmeckende Kost für jeden Tag, es darf auch gern schlicht sein, Hauptsache, die Zutaten sind gut.

Essen galt in Frankreich schon immer als Kunst. «Wir sind, was wir essen», sagte bereits Jean Anthelme Brillat-Savarin, der berühmte Gastronom aus dem 18. Jahrhundert, einer der Begründer der französischen Gastronomie-Kritik, nach dem auch ein sehr leckerer und überaus fetter Käse benannt ist. Er veröffentlichte 1826 ein Werk mit dem Titel *Physiologie des Geschmacks: Oder Betrachtungen über das höhere Tafelvergnügen.* Er unterschied zwischen *gourmand* (Schlemmer, Vielfraß) und *gourmet* (Feinschmecker). Von ihm stammen auch Sprüche wie «Die Entdeckung eines neuen Gerichtes macht die Menschheit glücklicher als die Entdeckung eines neuen Sterns», «Fresser und Säufer verstehen nichts vom Essen und Trinken», «Ein gutes Essen ohne Dessert ist wie eine einäugige Schönheit» oder «Ein echter Feinschmecker, der ein Rebhuhn verspeist, kann sagen, auf welchem Bein es zu schlafen pflegte». Noch heute findet diese Auffassung über die edlen Tafelfreuden ihre Entsprechung in der *Semaine du goût*, der Woche des Geschmacks, an der sich jedes Jahr viele Restaurants in Frankreich beteiligen.

Ja, Frankreich ist mächtig stolz auf seine Küche. Die großen Köche, Joël Robuchon, Alain Ducasse und Paul Bocuse, werden als Künstler gesehen und wie Stars behandelt, ihre Restaurants als Tempel verehrt. Dass auch in anderen Länder gut gekocht wird, kann man sich kaum vorstellen. Deshalb will Frankreich auch seine Küche am liebsten als UNESCO-Erbe erklären lassen und hat dafür schon einen Antrag gestellt. Undenkbar wäre das in Deutschland, das würden wir uns nicht anmaßen. Dass man sich heute in Frankreich noch oft wie am reichgefüllten Tisch von Sonnenkönig Ludwig XIV. fühlt, hat seine Gründe. Als im 18. Jahrhundert nach der Revolution das Bürgertum den Adel in der Führungsrolle ablöste, wurde die Tradition des guten Essens weitergeführt. Wohin sollte man sonst auch mit all den hervorragenden Köchen der Adeligen? Man übernahm die Essrituale und verfeinerte sie. Daraus wurde *Les arts de la table* (Die Künste der Tafel). Bald darauf erschienen die ersten Restaurantführer, und die Küche wurde zur neuen Kunstform. Noch heute wird häufig ganz öffentlich geschlemmt und getafelt wie zu Königs Zeiten. Ich war ab und zu bei den berühmten Neujahrsempfängen im Élyséepalast oder im Matignon, dem Amtssitz des Premierministers, eingeladen. In den goldverzierten Stucksälen bogen sich die Tische unter Hummern und Austern, und vor lauter Schlürfen und Schmatzen hörte man kaum die Neujahrsansprache. Niemand hat Anstoß an der Schlemmerei genommen, von wegen Verschwendung von Steuergeldern, auf die Idee kommt überhaupt niemand. Wenn gefeiert wird, dann auch richtig. Nur im Krisenjahr 2009 fielen die Empfänge sogar in Frankreich etwas bescheidener aus, da gab es bloß noch Linsen und Wurstspezialitäten, aber die ganz vorzüglich.

Das Thema Küche und Kochen verdient es in Frankreich sogar, auf die Titelseiten der Zeitungen zu kommen, so wichtig ist das hier. Das könnte ich mir in keinem anderen Land vorstellen. Als Schauspielerin Meryl Streep 2009 beim Filmfestival in Deauville über ihren Film *Julie und Julia* von Nora Ephron über eine Köchin in den sechziger Jahren sagte: «Die Küche, das ist die Liebe», sorgte sie für Schlagzeilen. War ihr Ausspruch doch ganz nach dem Geschmack der Franzosen. Wie der Film übrigens auch: Darin werden die Amerikaner zur französischen Küche bekehrt. Nirgendwo scheint Liebe so durch den Magen zu gehen wie in Frankreich. Kochen hat hier etwas Erotisches, weshalb es wohl auch zusammen mit *l'amour* eines der Lieblingsthemen der Franzosen ist. Man muss sich nur mal die Speisekarten ansehen! Darauf stehen nicht so profane Dinge wie Schweineschnitzel mit Pommes oder Rinderbraten an Brokkoli mit Kartoffelbeilage, sondern romantische Umschreibungen von Speisen, «Der Seeteufel badet in Champagner und Austernsauce» oder «Die Süße des Südens» für ein provenzalisches Gericht. Dabei läuft einem sofort das Wasser im Mund zusammen. Auch in den privaten Küchen geht es sinnlicher zu. Alles wird mit einer großen Leidenschaft angefasst, geknetet, gematscht. Während in Deutschland unzählige Maschinen herumstehen, fürs Mixen, fürs Kneten und Pürieren, und das meiste davon auf dem allerneusten technischen Stand ist, geht es in Frankreich viel einfacher zu. Den Platz dafür gibt es gar nicht in den kleinen französischen Küchen. Ob das kulinarische Handgemenge keimfrei ist, scheint hier niemand wirklich zu stören und mich mittlerweile erstaunlicherweise auch nicht mehr.

Schlemmen in Frankreich könnte so herrlich sein, leider haut man immer daneben

*S*chade nur, dass man so selten von Franzosen eingeladen wird – jedenfalls, wenn man erst kurz in Frankreich ist. Beim Essen bleiben die eben gern unter sich, bei *Poulet de Bresse* (edles Huhn aus der Gegend von Bresse in Ostfrankreich) und *Mousse au chocolat* wird ungern ein Eindringling geduldet – schon gar nicht ein ausländischer. Da verteidigen die Franzosen vehement ihr Terrain gegen das Unbekannte. Wenn man es dann endlich mal zu einer Audienz schafft, kann man sich die Hände reiben und frohlocken. Es ist eine Ehre, ein Zeichen, dass man dazugehört. Auf geht's zum Spießrutenlauf! Nicht nur das Essen ist eine Kunst, sondern auch die Rituale. Ständig hatte ich das Gefühl, wieder in ein Fettnäpfchen getreten zu sein und danebenzuhauen. Die erste Hürde ist das Geschenk, der Klassiker sind Blumen. Aber selbst damit kann in Frankreich allerhand schiefgehen, habe ich bei meiner ersten Einladung gemerkt. Ich war nach einigen Monaten in Paris bei einem französischen Journalistenkollegen und seiner Frau in einer vornehmen Gegend in der Nähe des Panthéon eingeladen. Mit Blumen kann man nichts falsch machen, dachte ich naiv.

Ich ging zu meinem Blumenhändler, bei dem fein säuberlich sortiert auf einem Tisch die unterschiedlichsten Papiersorten und Papierfarben für die Blumen lagen. «Was soll es denn sein, für eine ältere oder jüngere Frau, verheiratet oder nicht», fragte er erst mal. Dann hakte er nach: «Welcher Stil?» Als der Strauß gebunden war, suchte er ein passendes Seidenpapier eingehüllt in durchsichtige Plastikfolie dazu aus. Und zum Schluss kam noch ein Band darum. Die Blumen schauten oben heraus. Das Kunstwerk war fertig. Ich wunderte mich, warum der Florist sich so viel Mühe beim Einpacken gab, wäre doch gar nicht nötig gewesen ...

In Deutschland wird ruck, zuck! ein 08/15-Papier rumgeschlungen, der Strauß ist verpackt. Natürlich würde niemand auf die Idee kommen, das Paket eingepackt zu übergeben, das gehört sich nicht. Deshalb wird der Strauß vor der Tür ausgewickelt. Wohin mit dem Papier? Am besten schnell der Hausfrau in die Hand gedrückt. Undenkbar in Frankreich! Hier gehört die kunstvolle Verpackung mit zum Geschenk. Nur leider wusste ich das noch nicht, als ich bei dem Kollegen klingelte und seine Frau die Tür öffnete. Nach der Begrüßung reichte ich ihr den Blumenstrauß, den ich schnell noch wie gewohnt ausgepackt hatte. In die andere Hand wollte ich ihr das zerknüllte Papier drücken. Sie blickte irritiert. Man sah ihr förmlich an, wie seltsam sie das fand, dass ich ihr die Blumen als ausgepackten Wald-Wiesen-Strauß übergab. Doch sie erholte sich rasch von dem Kulturschreck, drückte ihrem Mann das Blumenpapier in die Hand und flötete: «Was für ein wunderschöner Strauß, *merci.*»

Beim nächsten Essen hatte ich eine Weinflasche dabei. Auch wieder falsch. Gleich zwei Fehler! Die Gastgeberin sah mich überrascht an. Julie, die das mitbekommen hatte, schüttelte den Kopf und erklärte mir später: «Die kostet ja gerade mal fünf Euro. Und hast du vorher gefragt, was es zu essen gibt? Ob der Wein dazu passt?» Nein, hatte ich natürlich nicht, und fünf Euro für eine Weinflasche waren auch noch geizig. Und Geiz kommt nicht gut an.

Das war nicht der einzige Fehler an dem Abend. Meine nächste Hürde hieß *la bise*, der berühmte Wangenkuss. Ich winkte allen in der Runde zu und rief ganz lässig: «*Salut.*» Prompt kam einer auf mich zu und wollte mir *la bise* geben. Klar, wusste ich, dass sich das so gehört. Aber wo anfangen. Während er also auf

meine rechte Wange zusteuerte, nahm ich mir die falsche Seite
vor. Es war höchst peinlich. Die Franzosen küssen den anderen
oft instinktiv auf die rechte Seite. Leider nicht immer ...

Am liebsten hätte ich mich anfangs auf Festen immer in
einer Ecke versteckt, um dem Wangenkuss zu entgehen, ich
fühlte mich dadurch irgendwie in meinem deutschen Sicherheitsabstand bedrängt. Die Qual war doppelt: Geküsst wird
auch bei der Verabschiedung. Diese Küsschenarie machte mich
ganz nervös. Ständig lag ich falsch. Küsste nur zweimal statt
dreimal oder gar viermal. Küsste jemand einfach, dabei kannte
ich die Person nicht genug. Heute habe ich es raus: einfach eine
Sekunde abwarten, cool bleiben, nett lächeln und den anderen
entscheiden lassen. Denn nicht alle geben sich in Frankreich
Küsschen, das sollte man nicht glauben. Glücklicherweise küsst
man in Paris nur zweimal. Was ich ganz besonders schwierig
fand: Man fasst sich eigentlich dabei nicht an, ich musste also
genau zielen, damit es wirklich nur ein zartes Berühren der
Wangen wurde und ich nicht versehentlich mit Brillen oder
Nasen zusammenknallte. Heute amüsiere ich mich oft, wenn
deutsche Freunde gekonnt *la bise* geben wollen und dabei so
gekünstelt weit entfernt von der Wange in die Luft schmatzen.
Dann erkenne ich mich in meiner Anfangszeit hier wieder, heute kriege ich das mit der dezenten Wangenberührung, so wie es
sich gehört, ganz gut hin.

Nur an dem Abend klappte das überhaupt noch nicht.
Julie amüsierte sich über mich, und ich glaube, nicht nur sie.
In Frankreich kann es sich niemand vorstellen, keine *bise* zu
geben. Wie merkwürdig kühl die Deutschen doch miteinander
umgehen! Aber ich war auf dieser Party glücklicherweise nicht
die Einzige, die sich blamierte. Der Gastgeber arbeitete in einem internationalen Unternehmen und hatte die Gäste bunt
gemischt, Kollegen aus Berlin, den USA und Paris. Im Wohn-

zimmer standen verschiedene Sitzgruppen, sodass wir umher-
wandern konnten. Der Hausherr hatte so einiges auf seinen
Reisen zusammengesammelt, einen Teppich aus Indien, Lam-
pen aus Marokko. Im Esszimmer stand ein geerbter barocker
Schrank mit alten Weingläsern und dazu ein paar Designermö-
bel. Julie schien die Stilmischung, die man in vielen französischen Wohnungen findet, zu gefallen. «*On va faire la fête*», wir
machen Party, sagte sie zu mir. Ewig hatte sie vor dem Spiegel
gestanden und diverse Outfits probiert. Dann hatte sie dieses
Teil gefunden, das herrlich mühelos aussah, als wäre sie gerade
von der *sieste*, dem Nachmittagsschlaf, aufgestanden. «*Ça bou-
ge*», hier ist was los, strahlte Julie gutgelaunt, nahm zwei Gläser
Champagner vom Tablett und prostete mir zu: «*Santé.*»

Einige hatten, weil es an dem Abend sehr heiß war, ganz
lässig eine kurze Hose an, und jetzt dürfen Sie mal raten, woher der Kollege stammte, der Strümpfe zu Sandalen trug. Er
erntete jedenfalls einige amüsierte Blicke von den Franzosen.
Die hatten sich eine elegante Jeans oder dunkle Hose zum
frischgebügelten Hemd angezogen. Flip-Flops waren ihr einziges Zugeständnis an die Sommerhitze. Da hatte sich also
mal jemand anders zum Horst gemacht. «*Ton compatriote*,
dein Landsmann», sagte ein Franzose lachend zu mir. Socken
in Sandalen, das ist in Frankreich wohl einer der größten mo-
dischen Schnitzer für einen Mann. Für Frauen gilt bei Essenseinladungen immer noch: Mit einem kleinen Schwarzen oder
einem Hosenanzug kann sie nie etwas falsch machen. Die kurze Hose für Männer ist dagegen ein absoluter Fauxpas. Leicht
ist es, wenn Cocktail- oder Abendkleidung auf der Einladung
stehen, doch wenn es *tenue de ville* heißt, Stadtkleidung also,
dann ist Phantasie gefragt. Sind die Gastgeber reich oder arm,
eher konservativ oder Künstler, danach richtet sich, was man
anziehen sollte. Nur über R.S.V.P (*répondez, s'il vous plaît*) auf

Einladungen muss man nicht lange rätseln, das ist keine Kleidungsvorschrift, es heißt einfach: Um Antwort wird gebeten.

Dann gingen wir erst mal ins Wohnzimmer zum *apéritif,* darunter versteht man nicht nur ein Getränk, sondern auch die dazugehörigen Häppchen, nach denen die Franzosen ganz verrückt sind. Gut so, es war immerhin schon 21 Uhr, ich hatte einen Bärenhunger. Es gab wie immer *Petits fours,* kleine Shrimpsspieße, die Olivenpaste Tapenade und noch so allerhand für den ersten Hunger. Keiner würde dabei auf die Idee kommen, dass das vielleicht den Appetit verdirbt. Die Häppchen standen nicht einfach irgendwo auf dem Tisch, sondern die Gastgeberin reichte sie immer wieder herum. Dazu wurde das Champagnerglas ständig nachgefüllt. Wer da wohl noch mitzählen konnte? Es fehlten noch zahlreiche Gäste. Der Apéritif ist auch deshalb so beliebt, weil alle immer hoffnungslos zu spät kommen, mindestens eine halbe Stunde. Eigentlich war ich danach schon fast satt. Es war so gegen 21.30 Uhr, als die Frau des Hauses rief: «*À table*», an den Tisch. Die hatte ganz schön die Ruhe weg. Gerade wollte ich mich schon halb ermattet neben Julie auf einen Stuhl fallen lassen, da wies sie mir einen anderen Platz an. Die Gastgeberin hatte genau darauf geachtet, dass die Frauen nicht zusammensitzen. Julie und Charlotte konnte ich nur von weitem zuwinken. Pech gehabt: Ich saß neben einem Franzosen, der zwar hervorragend Deutsch sprach, aber nicht gerade ein Alain Delon war. Auf der anderen Seite war mein *compatriote* platziert. Julie dagegen hatte zwei Traummänner an ihrer Seite, der eine zog ihr gerade galant den Stuhl nach hinten, während der andere so unverschämt grinste, dass einem sofort die Beine schwach wurden.

Also beschloss ich, mich stattdessen aufs Essen zu konzentrieren. Stundenlang schlemmte ich mich durch ein *Velouté de potiron*, eine Kürbissuppe, einen köstlichen Lammbraten mit jungem Gemüse, eine Käseplatte und einen Apfelkuchen, die *Tarte Tatin*. Wer braucht dabei noch aufregende Unterhaltung? Alle redeten wild durcheinander, gern auch mit vollem Mund. Bloß keine wertvolle Plauderzeit durch Kauen verlieren! Bei französischen Essen kann man sich übrigens fast sicher sein, dass eine dieser Speisen (siehe Kasten) serviert wird, wie an dem Abend die Kürbissuppe.

Lieblingsessen bei Dîners – was einem garantiert immer wieder vorgesetzt wird

Vorspeise:
Velouté de potiron – Kürbissuppe
Tarte salée – Quiche oder Ähnliches
Salade chèvre chaud – Salat mit Ziegenkäse überbacken

Hauptspeise:
Blanquette de veau – Kalbsfrikassee
Bœuf Bourguignon – Rindfleischtopf mit Burgunderwein
Pot-au-feu – Rindfleisch-Gemüseeintopf
Canard à l'orange – Ente mit Orange

Nachtisch:
Fondant au chocolat – weicher Schokoladenkuchen
Mousse au chocolat – Schokoladenmousse
Tarte Tatin – gestürzter Apfelkuchen

Aber wer mag schon stundenlang stillsitzen? Meine Tischnachbarn waren nicht gerade unterhaltsam, so machte ich einen Entdeckungszug durch die Wohnung. In der kleinen Küche herrschte ein heilloses Durcheinander, überall standen

Gewürze und Kochutensilien rum. Olivenöl, Balsamico-Essig, Tomaten, Basilikum, Nudeln, Fleur de sel, frische Kräuter, Melonen und ein riesiger Schinken. Nichts war aus Edelstahl und auf Hochglanz gebracht oder luxuriös. Dabei waren die Gastgeber nicht gerade arm. Aber hier hatte ich das Gefühl, dass die Küche einen Zweck hat und nicht nur ein selten genutztes Luxusobjekt ist, in der man gerade mal ein Schnittchen zum Abendbrot vorbereitet. Die Tür zum Schlafzimmer stand auch offen, das war ganz in warmen Farben eingerichtet, lila Vorhänge, Samtkissen in Braun und Bordeauxrot. Das scheinen die absoluten Lieblingsfarben für Schlafzimmer in Frankreich zu sein. In der Wohnung stand für meinen Geschmack ziemlich viel Nippes rum, reichlich spießig wirkte einiges davon. Viele Franzosen scheinen einfach eine wahnsinnige Angst vor weißen Wänden zu haben. In fast jeder Wohnung gibt es auch mindestens einen von diesen buntgemusterten Orientteppichen und oft ganz billige Modelle, die mir nie ins Haus kämen. Mit so viel unnützem Zeug vollgestopfte Wohnungen sehe ich in Deutschland kaum noch, was ich eigentlich ganz erholsam für das Auge finde. Angenehm ist dagegen allerdings, dass sich in Paris niemand fragt, ob die Wohnung spießig ist oder nicht, weshalb ich mir auch nicht den Kopf darüber zerbrechen muss, ob meine Wohnung designmäßig akzeptabel ist. Hauptsache, man fühlt sich wohl, und die Einrichtung ist praktisch. Ob das dann einen Hang zum Kitsch hat, wen stört's?

Wenn ich in Frankreich koche ...

*E*inige Essenseinladungen wie diese hatte ich schon hinter mir. Ich wusste, woher die französischen Spezialitäten stammen, *Confit de canard* (eingemachte Ente) aus dem Südwesten oder *Bouillabaisse*-Fischsuppe aus Marseille. Ich kannte die beste Saison für Jakobsmuscheln (Ende Oktober bis März). Ich hatte gelernt, was *Cuisine du terroir*, also bodenständige Küche ist. *Terroir* heißt Boden, man isst, was aus der Gegend stammt, Linsensalat und den Eintopf *Pot-au-feu* statt Straußensteak. Hummer und anderes Getier auf den Meeresfrüchtetellern, den *Plateaux de fruits de mer,* konnte ich bestens mit den verschiedensten Werkzeugen in Einzelteile zerlegen und in der Geschwindigkeit beim Essen von Krebsen mit meinen französischen Freunden mithalten. Ich unterschied locker einen Burgunderwein von einem Bordeauxwein und sogar einen Wein aus dem Languedoc. Das lernt man hier einfach so nebenbei beim Essen. Doch dann stand mir der große Test bevor. Ich sollte selbst kochen. Als ich nach Paris kam, konnte ich bestenfalls einfache Gerichte brutzeln. Mein ganzes erstes Jahr hatte ich mich davor gedrückt, zum Essen einzuladen. Musste ich französische Freunde bekochen, hing ich anfangs vorher stundenlang panisch am Telefon und ließ mir von meiner Mutter Garzeiten und Zubereitung erklären. Eine Küchenfee bin ich immer noch nicht, aber heute kann ich locker drei Gänge für zehn Gäste kochen, stressig finde ich das nicht mehr. Alles Gewohnheitssache. «Du wirst so französisch», sagte Charlotte bei meinem letzten Essen zu mir. Ich habe das mal als Kompliment verstanden. Nur wenn man einigermaßen die Kochkunst beherrscht, fühlt man sich in Frankreich wirklich zu Hause – das gilt nicht nur für Frauen, sondern auch für Männer. Viele können hier erstaunlich gut kochen.

Doch als ich das erste Mal einige Freundinnen einlud, entschied ich mich für einen Klassiker: Pasta mit Sauce. Da konnte nichts schiefgehen. Sie sollten um 20 Uhr kommen. Um 20.30 Uhr war immer noch keine von ihnen in Sicht. Die Nudeln setzte ich dennoch schon mal auf. Sicherlich hatten die

Hunger, wenn sie kamen. Endlich klingelte es. Charlotte stand im Cocktailkleid mit Pumps vor der Tür, die Haare frisch geföhnt. Vielleicht hätte ich ihr sagen sollen, dass es nur ein ganz schlichtes Essen *entre filles,* unter Mädels, war. Sie überreichte mir Blumen. Ich wunderte mich: «Das war doch wirklich nicht nötig.» Julie brachte Pralinen mit und eine dritte Freundin eine Flasche Champagner.

Ob wir die wohl zu den Nudeln trinken sollten? Das hatte ich an dem Abend vor lauter Aufregung fast vergessen: Ein perfektes Essen beginnt mit einem Apéritif, der *apéro* genannt wird und sich endlos hinziehen kann – auch wenn man ganz ungezwungen mit Freunden zusammensitzt. Ein Essen ohne Apéritif ist schlichtweg undenkbar. Während also meine Freundinnen auf ihren Apéritif mit *amuse-bouche* warteten, Kleinigkeiten, die den Mund amüsieren sollen, rief ich: «Setzt euch mal schnell hin, die Nudeln sind schon fertig.» Charlotte sah mich fragend an. Diese erste Essenseinladung war jedenfalls schnell beendet. Ich hatte zu deutsch gedacht. Ein Gang, etwas Nachtisch, und dann könnte man ja noch gemütlich zusammensitzen und Wein trinken. Doch die Franzosen gehen, wenn der letzte Gang beendet ist. Weshalb man niemand auch nur zum Weintrinken einlädt. Ist man zum *apéro* eingeladen und das ist ausdrücklich vorher so abgemacht, geht man danach auch wieder und bleibt nicht zum Essen – es sei denn, man wird ausdrücklich dazu aufgefordert.

Bevor ich also mein nächstes Abendessen wagte, vergingen Monate, trotz meines Kochbuchs *Echt französisch kochen,* das ich mir extra aus Deutschland mitgebracht hatte. Erst später, als ich noch mehrmals bei Charlotte und Julie eingeladen war, habe ich verstanden: Natürlich ist nicht jede Französin die geborene Köchin. Bei Charlotte gab es im Wechsel Kalbfleisch *Blanquette de veau* und Ente *Confit de canard.* Julie schien ein rustikales *Pot-au-feu* zu lieben. Ich durchschaute den Trick meiner Freundinnen: Sie konnten einfach wenige Gerichte richtig gut kochen. Überhaupt sind diese traditionellen Gerichte seit der Krise wieder verstärkt im Trend. Schweinerippen statt Jakobsmuscheln heißt die Devise!

Ab und zu fragte mich natürlich auch mal jemand: «Koch doch mal deutsch.» Unter deutschem Essen können sich die Franzosen so gar nichts vorstellen. Sauerkraut vielleicht? Aber was noch? Als ich Knödel in meinem Freundeskreis einführte, machten alle Witze darüber, wie sich der Knödel wohl im Magen wieder zur gigantischen Kugel zusammensetzt. Gegessen haben sie sie doch gern. Ab und zu frage ich mal: «Was stellt ihr euch unter deutscher Küche vor?» Bisher habe ich darauf aber noch nie eine richtige Antwort bekommen. «Deutsche Küche», sagte Charlotte, die immerhin eine Weile in Deutschland gelebt hatte, nachdenklich: «Currywürst vielleischt.» Klar, dass wir mindestens ebenso viele Würste haben wie die Franzosen Käse, das weiß jeder. Und darauf könnten wir eigentlich stolz sein. Aber unvorstellbar wäre trotzdem, dass ein deutscher Kanzler sich brüstet: «Wir haben 300 Wurstsorten.» Charles de Gaulle dagegen erklärte mal: «Wie soll man ein Land regieren, das 258 Käsesorten hat.»

Die Franzosen sind auch fest davon überzeugt, dass wir Deutschen ständig Sauerkraut, *la choucroute,* essen. Koche ich einmal in zehn Jahren Sauerkraut, rufen sie gleich: «Ahh, ja, *la choucroute.*» Abgesehen von ein paar Klischees wie diesem, die gepflegt werden, hält sich das Interesse nicht nur an deutschem Essen, sondern an Deutschland überhaupt in Grenzen. Das beobachte ich schon immer in der Presse. Über Frankreich erfahre ich in deutschen Zeitungen viel (zugegeben auch oft voller Klischees), in Frankreich dagegen über Deutschland sehr viel weniger. Wir wissen viel mehr über «Fronkreisch» als umgekehrt. Wir kennen die Regionen von der Bretagne bis zur Provence, die Speisen von *Foie Gras* bis zur Quiche und können sogar einen Großteil der Städte auf der Landkarte richtig platzieren. Erzähle ich, dass ich aus der Nähe von Hamburg komme, fragt garantiert jemand: «Wo liegt denn Hambourg?» Überhaupt scheinen sich die Geographiekenntnisse, was Deutschland angeht, mehr oder weniger auf das Oktoberfest in München *(Fête de la bière)* und Berlin (das coole Deutschland) zu beschränken. Und vielleicht noch auf den Schwarzwald, den *Forêt-Noire*, weshalb mich auch häufig Bekannte fragen, ob ich nicht mal eine Schwarzwälder Kirschtorte machen könnte. Als ob wir jeden Tag Schwarzwälder Kirschtorten backen würden, ich jedenfalls bin dafür nicht die Expertin. Und auf dem Oktoberfest in München war ich auch noch nie. Vielleicht habe ich was verpasst, so wie die Franzosen davon schwärmen?

Wenn es um die deutsche Küche geht, hole ich immer den Klassiker heraus, mein *Dr. Oetker Schulkochbuch* mit der gefüllten Paprikaschote auf dem Deckel. Damit sorge ich für die Verbreitung der deutschen Küchenkultur. Ich zeige ihnen Kasslerbraten, Rinderrouladen und Rheinischen Sauerbraten. Das sei doch gar nicht wirklich deutsch, das gibt es alles in Frankreich, meinen sie dann. Was die sich immer einbilden. Das Kassler schmeckt garantiert nirgendwo so wie in Deutschland, die Rinderrouladen sind nicht so lecker geschmort und Sauerbraten mit hausgemachten Spätzle – das sollen die mir erst mal nachkochen. Zum Tag der Deutschen Einheit am 3. Oktober sind wir immer in die deutsche Botschaft in Paris eingeladen und werden von deutschen Köchen aus den unterschiedlichen Bundesländern verwöhnt. Das war jedes Mal ein Schmaus. Und plötzlich, vor einem Jahr, schmeckte es irgendwie anders und gar nicht bayerisch wie erwartet. Dabei gab es Knödel und Schweinebraten. Aber der Schweinebraten hatte überhaupt nicht diese köstliche Kruste, die ich so sehr schätze. Am Ende des Abends erfuhren wir auch, warum. Eine französische Kochschule hatte sich an den Rezepten versucht!

Und dann klagte auch noch ein Freund von mir, der öfter nach Deutschland fährt, über die deutsche Küche: «Ständig muss man dasselbe essen. Schnitzel, Kohlrouladen und zum Nachtisch Rote Grütze. Aber ein ordentliches Stück Rindfleisch, das gibt es nie.» Er hatte sich eine originelle Umschreibung für die deutsche Küche zurechtgelegt: «Man nehme einen Sack Kartoffeln und ein Schwein und koche irgendwas daraus.» Das konnte ich doch nicht auf mir sitzen lassen. Seit einiger Zeit wage ich mich immer mehr an die traditionelle deutsche Küche, werde richtig experimentierfreudig. Vor kurzem habe ich tatsächlich mal Königsberger Klopse serviert, das fanden meine französischen Freunde *très bon* und haben sich das Rezept geben lassen. Auch mit Rotkohl habe ich schon gepunktet. Das klappt wirklich! Natürlich habe ich niemand erzählt, dass ich einfach Rotkohl aus dem Glas aufgewärmt habe. Das Glas hatte ich vorher schon versteckt, und keiner hat etwas gemerkt. Das ist eben das Gute an den Franzosen, sie können nur die eigene Küche treffsicher beurteilen. Bei fremden Gerichten sind sie weniger kritisch. Ich meine, welcher Norddeutsche käme denn auch auf den Gedanken, für einen Schwaben Schupfnudeln zu kochen. Genauso ist das in Frankreich. Kocht man französisch, kann man eigentlich nur verlieren.

Wie kulturell unterschiedlich die beiden Länder tatsächlich in Bezug auf das Essen sind, fällt mir auch immer wieder auf, wenn ich die Sendung *Das perfekte Dinner* sehe, die gibt es nämlich auch in der französischen Variante. Die Messlatte scheint bei den Franzosen viel höher zu liegen, auch wenn in Deutschland die Kocheuphorie schon seit langem zunimmt. Die Unterschiede in der Sendung sind eins zu eins auf die

Wirklichkeit zu übertragen. Das beginnt schon beim Apéritif. Crémant oder Sekt geht wirklich nur, wenn er vom Allerfeinsten ist, sonst muss es schon Champagner sein. Fleisch darf auf keinen Fall aus der Plastikpackung sein, sondern muss frisch vom Fleischer stammen. Eingefrorenes ist verpönt, selbst wenn es köstliche Garnelenschwänze sind. Undenkbar ist auch, dass die Trüffel aus dem Glas kommen und nicht frisch sind. Das ist in Frankreich allerdings viel einfacher, weil es sehr viel mehr auf den Märkten gibt. Aber später mehr zum Thema Einkaufen.

In Miniportionen sind die Franzosen Meister. Die Teller wirken immer so, als würden sie direkt aus der Nouvelle Cuisine stammen. Weniger ist mehr. Jeder Gemüsewürfel wird exakt gleich groß geschnitten und kunstvoll angeordnet. Zu viele Zutaten sollten nicht auf einem Teller liegen – das verwirrt die Franzosen, und zu viele Geschmacksrichtungen verderben den Brei. Man hat es auch zur Abwechslung gern originell. Fisch mit Vanillesauce, Chicorée-Eis oder Tomaten in Bonbonmasse wie Liebesäpfel. Der Phantasie sind keine Grenzen gesetzt – nur schmecken muss es natürlich. So originell sie manchmal kochen, mich überrascht immer wieder, wie wenig flexibel die sonst so lockeren Franzosen sind, wenn es um ihr kulturelles Kochgut geht. In Deutschland lässt man sich gern durch ausländische Küchen inspirieren, italienisch kochen zu können, ist ganz normal. Doch in Frankreich ist man längst nicht so offen. Man sollte nur nicht versuchen, ein klassisches Rezept wie *Pot-au-feu* in einen Allerweltseintopf abzuwandeln. Oder die *Tapenade*: Die wird eben immer mit Oliven und Anchovis gemacht. IMMER. Als ich mal etwas Tomaten untermischte, erntete ich Kommentare: «Was ist das denn? Aber Tapenade wird doch schon immer so und so gemacht, und das hat seine Gründe.»

Zurück in Deutschland werde ich doch manchmal zum Snob, was nicht heißen will, dass man nicht auch in Deutschland richtig gut essen kann. Aber warum kommt das Huhn so oft aus der Plastikpackung? Warum ist das Rindfleisch wie eine Schuhsohle durchgebraten? Warum gibt es häufig nur einen Teller – lieblos zack auf den Tisch – und keine Vorspeise? Warum hat vieles einen einheitlichen Maggie-Brühwürfel-Geschmack? Wäre da nicht das köstliche deutsche Brot und die Würste. Ja, ich bin Abendbrot-Fan geworden. Das gibt es nicht in Frankreich.

Kulinarische Schocks in Frankreich

*A*llerdings ist Tafeln in Frankreich mitunter auch reichlich gewöhnungsbedürftig – und nicht nur für Vegetarier ... Ich will hier jetzt gar nicht von Froschschenkeln sprechen, von der Zubereitung von *Foie gras*, der Stopfleber, von Innereien, von den Pferdefleischschlachtern oder davon, dass die Hummer und Krebse lebendig ins kochende Wasser geworfen werden und das dann so befremdlich zischt. Damit habe ich mich schon (fast) abgefunden.

Aber es gibt so einige Speisen und Sitten, an die ich mich nie gewöhnen werde. Nie! Da wäre zum Beispiel *Andouilles* oder *Andouillettes*. Diese dunklen, leicht verwest riechenden Würste hat mir mal Charlotte in einem Restaurant empfohlen: «Das ist eine Delikatesse. Einmal im Leben musst du das essen.» Als ich reinbiss, hätte ich am liebsten alles wieder ausgespuckt. Schlimmer wurde es noch, als mir Charlotte erzählte, was alles da drin war – ich hatte also gerade Schweinedarm und -magen gegessen. Auch bei einigen Käsesorten habe ich meine Schwierigkeiten. Da wäre etwa *Munster* aus dem Elsass oder, ganz besonders abstoßend, *Maroilles* aus Nordfrankreich, der durch den Film *Willkommen bei den Sch'tis* beliebt geworden ist. Wenn's besonders auf der Käseplatte stinkt, kann man sicher sein, bei einem Sch'tis-Fan gelandet zu sein. Denn die meisten gelben Käse aus dem Norden sind nichts für empfindliche Nasen.

Und was das edle Tafelvergnügen in Frankreich angeht, so edel ist das auch nicht immer. Je mehr es krümelt, desto schöner. Das Baguette ist dazu wie geschaffen. Weil es mit Vorliebe nicht vorher fein säuberlich in der Küche geschnitten wird, sondern lieber am Tisch – nicht einmal auf einem Brett – gebrochen wird, häufen sich bald auf der Tischdecke die Krümel und kleben am Ärmel. Die Franzosen scheint es nicht zu stören. Zwischen den Gängen wird gekrümelt. Nicht nur die Krümel irritieren sie nicht sonderlich. Sind die Teller leer, kommt niemand auf die Idee, sofort aufzuspringen und die unappetitlichen Reste in die Küche zu bringen. Vor abgenagten Knochen und Fischgräten wird noch stundenlang diskutiert. Da wird nicht schnell mal zwischendurch mit dem Tischstaubsauger für Ordnung gesorgt. Ich wette darauf, dass der Absatz an Tischstaubsaugern in Frankreich gleich null ist, ich kenne jedenfalls niemand, der einen hat.

Ob man's glaubt oder nicht, mein ekligstes Esserlebnis hatte ich doch ausgerechnet in Frankreich – ganz schlicht mit Eiern. Ich hatte vor ein paar Jahren nach einer Party bei Freunden im Landhaus übernachtet, morgens gab es für jeden ein Ei. Das Ganze wurde zum Schlachtfest. Zum Eiessen wird nämlich kein Löffel benutzt, sondern Hand angelegt. Der Franzose nimmt sich ein Stück Weißbrot, genannt *mouillette* (von mouiller, nass machen) und tunkt dieses mit der Hand ins Ei. Dabei quillt das flüssige Eigelb über Brot und Hände auf den Tisch. Seitdem verschwinde ich immer schnell, bevor es ans Eieressen geht. Vorher habe ich erzählt, wie sinnlich französisches Essen ist. Aber Eiessen *à la française* – soll man das sinnlich finden?

KAPITEL 5

Der Speck will einfach nicht weg – warum ich vom französischen Idealgewicht nur träumen kann

Die Qual der schlanken Linie

*S*chling nicht so», ermahnte mich meine Mutter häufig als Kind. Jedes Mal, wenn ich mit Charlotte und Julie Mittag esse, muss ich an die Worte meiner Mutter denken. Selbst nach 18 Jahren in Paris schaffe ich es nicht, so langsam wie eine Französin zu essen, und die hierzulande übliche Idealfigur habe ich immer noch nicht erreicht. In der Mittagspause gehen wir häufig in ein traditionelles Bistro in der Nähe der großen Boulevards bei den Kaufhäusern Printemps und Galeries Lafayette, mit Bistrotischen aus Marmor und schwarzen Metallstühlen. Auf einer Schiefertafel draußen steht das Menu geschrieben, Vorspeise, Hauptspeise und Dessert für 20 bis 25 Euro.

Ich war mal wieder überpünktlich und überlegte mir schon mit einem Blick auf die Karte, was ich essen wollte. Das ist immer der schönste Moment, die Vorfreude auf das Essen, den genieße ich gern allein, ohne die kritischen Blicke meiner französischen Freundinnen. Sollte ich mir ein Steak mit leckerer Béarnaise-Sauce genehmigen und dazu die hausgemachten Pommes oder lieber auf kalorienarm setzen mit einem gedämpften Fisch und Gemüse? Während ich noch nachdachte, erschien schon Charlotte. «*Salut*», rief sie mir von weitem zu. Sie sah wieder mal wahnsinnig elegant aus. Die Haare locker zusammengebunden, einige Strähnen fielen ihr ins Gesicht. Sie trug ein dunkles Kostüm, das ihre schmale Taille perfekt zur Geltung brachte, und dazu diese unendlich hohen Sandalen im Ethnolook mit Fransen. Auf Julie mussten wir noch etwas warten, wie immer. «Zu welcher Party gehst du denn gleich?», fragte ich sie, als sie endlich ganz gemütlich heranschlenderte. Sie trug ein schwarzes Kleid mit einem gewagten Dekolleté und hatte sich lässig einen Schal umgebunden. «Ich komme heute nach der Arbeit nicht mehr nach Hause und gehe dann gleich aus.» Meine Güte, da konnte ich nur neidisch werden. Ich hatte mir mal wieder in der Eile schnell eine Jeans aus dem Schrank gezogen. Die beiden sahen immer so perfekt aus, und ich bin leider fest davon überzeugt, dass es ganz klar an ihrer Figur liegt. Da können mir die Modemagazine sonst was erzählen, von wegen man muss sich nur vorteilhaft anziehen, Problemzonen kaschieren und Highlights betonen. Weshalb ich natürlich zu meinem Ärger nie so gut gestylt aussehen werde, egal was ich anziehe. Wie gern hätte ich auch so eine Modelfigur, na ja, vielleicht ein, zwei Kilo mehr. Doch davon kann ich nur träumen, und ich weiß auch genau, warum. Ich esse eben zu gern, auch gern etwas mehr.

Das Bistro war knallvoll, wie immer zur Mittagszeit. Essen in Restaurants wird auch noch unterstützt. Unternehmen, die keine Kantine haben, finanzieren für ihre Angestellten Esstickets, die man im Restaurant einlösen kann. Das gehört in Frankreich mit zur Bezahlung der Mitarbeiter und beläuft sich im Durchschnitt pro Jahr immerhin auf rund 1000 Euro. Wahnsinn, überlegen Sie sich mal, wie oft Sie davon essen gehen können! Ich habe es ausgerechnet: Beim Durchschnittsmenu von 20 Euro sind das 50-mal im Jahr Schlemmen auf Kosten des Arbeitgebers. Deshalb essen die Franzosen auch mittags oft ein komplettes Menü. Sie erlauben sich Vorspeise und Hauptspeise mit

Fleisch und auch mal Pommes, aber bitte dabei beherrschen! Nur ich kann mich leider immer noch nicht so richtig zurückhalten. «Das Rumpsteak ist hier ganz köstlich, und die Pommes sind auch zu empfehlen», sagte Charlotte. Ich entschied mich also auf ihren Ratschlag hin statt für den Fisch für das Steak, natürlich mit Sauce und Pommes. Auch Charlotte und Julie bestellten das Steak, Julie mit grünen Bohnen. Meinen Salat als Vorspeise leerte ich so schnell wie die Kleiderständer bei Ausverkäufen der Pariser Modehäuser, da knabberte Julie noch an den ersten Blättern. Bei der Hauptspeise verzichtete sie auf die Béarnaise-Sauce, ohne die, wie ich fand, das Steak aber nur halb so gut schmeckte. Auch meine Pommes tunkte ich noch in die Béarnaise. Mm, lecker! Dabei hatte ich nicht einmal ein schlechtes Gewissen, denn auch Charlotte aß die Sauce.

«Wie bleibt ihr bei dem ständigen Essen so schlank?», fragte ich Charlotte neugierig. «Das ist alles eine Frage des *équilibre*.» Des Gleichgewichts? Was meinte sie nun damit, ist das was Spirituelles? So eine Art von Zen-Essen? Ganz und gar nicht. Das war ganz pragmatisch gemeint. «Man muss nur ausgeglichen essen. Ich esse nur, wenn ich Hunger habe, und höre auf, wenn ich satt bin.» Mmm, klingt eigentlich ganz einfach ... Doch ich scheine einfach nach wie vor mehr Hunger zu haben als meine französischen Freundinnen und das auch noch nach all diesen Jahren in Frankreich. Julie isst selten ganz auf, dabei sind die Portionen in französischen Restaurants nicht gerade groß – für meinen Geschmack jedenfalls. Bei mir ist deshalb der Teller immer blitzeblank und die Sauce noch fein säuberlich mit dem Baguette weggeputzt, weshalb Julie immer etwas vorwurfsvoll sagt: «Du hast aber einen gesunden Appetit.» Dabei denkt sie sich sicher: Ganz schön gefräßig. Denn Julie hat etwas anderes als ich als Kind gelernt. Bei ihr hieß es immer: Es gehört sich, einen Anstandsrest auf dem Teller zu lassen. In Deutschland dagegen galt in meiner Kindheit: Der Teller muss leer werden. Und Julie hatte auch mal wieder was auszusetzen. Deshalb isst sie wohl nie alles auf: zu fett das Fleisch, zu dick die Soße, zu weich das Gemüse. Das merke ich mir: Immer schön am Essen rummeckern, dann schmeckt's weniger. Beim Mittagessen im Restaurant habe ich mir noch einige Tricks abgeschaut, wie etwa: Iss so langsam, dass du dich fast langweilst. Schieb mit der Gabel alles dreimal hin und her, bevor du es in den Mund steckst. Dann wird es schnell kalt und schmeckt nicht mehr. Slow Food macht eben schneller satt. Wenn ich mit Charlotte oder Julie essen gehe, machen die, wenn ich es mir recht überlege, eigentlich genau das, was unsere Eltern uns immer verboten haben: Sie stochern stundenlang in ihrem Essen herum.

Ein Vorurteil musste ich allerdings ganz schnell revidieren. Sie stochern NICHT nur in Salaten, im Gegenteil. Das reden wir uns in Deutschland nur ein, weil wir uns einfach nicht anders erklären können, wie sie sonst so schlank bleiben. Will ich am liebsten irgendwo einen kleinen, leichten Snack nehmen, überreden mich Julie und Charlotte zum typisch französischen Essen. Aber ich schaffe es einfach nicht, langsam zu essen und jeden Bissen zu genießen wie die beiden. Ich schlinge immer noch viel zu sehr, obwohl ich meine Essgeschwindigkeit in Frankreich schon erheblich reduziert habe. Charlotte und Julie sahen mir wieder ganz fasziniert beim Essen zu. Ruck, zuck hatte ich die Hälfte meiner Hauptspeise aufgegessen, da hatten sie gerade erst angefangen und zwischendurch viele Pausen eingelegt. Ich dagegen bin schon immer halb ausgehungert, wenn ich mittags im Restaurant ankomme. Anfangs bin ich heißhungrig sogar über das Brot hergefallen und habe auch gern noch etwas salzige Butter draufgeschmiert. Zumindest den Fettnapf spare ich mir heute. Ebenso wie ein oder zwei Croissants als zweites Frühstück gegen 11 Uhr morgens. Heute greif ich gegen den kleinen Hunger zum Joghurt wie die Französinnen.

Bei diesen kulinarischen Gedanken warf ich wieder einen Blick auf Julies Cocktailkleid, das bei ihr so perfekt saß. Wie gern würde ich auch so ein Kleid tragen! Sie musste meinen Blick bemerkt haben und grinste. Leider beobachten meine französischen Freundinnen genau mein Gewicht, ihnen entgeht nichts. Allen voran Julie, die als Lifestyle- und Moderedakteurin besonderen Wert darauf legt und bei 1,65 Meter Größe nie mehr als 53 Kilo auf die Waage bringt. Als ich mein Steak in die Sauce tauchte, kommentierte sie spitz: «Du siehst schlanker aus. Hast du abgenommen, oder ist es das vorteilhafte T-Shirt?» Meine Güte, die kann manchmal eine richtige Zicke sein. Französinnen lieben zweifelhafte Komplimente dieser Art. Um die anderen Frauen zu verunsichern, da bin ich fest überzeugt. Prompt schmeckte mir das Essen nur noch halb so gut. Sympathie darf ich von Julie nicht erwarten. Ich klagte: «Kein Cocktailkleid sieht bei mir wirklich perfekt aus.» Sie erwiderte einfach nur ungerührt: «*Ah bon*, findest du? Dann iss doch einfach weniger.» Die macht sich gar keine Gedanken, wie mühsam es ist, sich jeden Tag zu überlegen, was im Kleiderschrank einen nicht gleich wie einen Elefanten unter lauter zarten Porzellanelfen aussehen lässt. Ich muss das schon, jedenfalls in Frankreich. Wenn ich wieder in Deutschland bin, fühle ich mich in der Hinsicht ungemein befreit. Welche deutsche Freundin würde es wagen, das so unverblümt auszusprechen? Die schmeicheln mir dann lieber, so wie Nina zum Beispiel: «Steht dir gut, dein Kleid.» Und wahrscheinlich meint sie es sogar ernst. Immer wieder bekomme ich heute in Deutschland Komplimente: «Du siehst aus wie eine Französin.» Zumindest nehme ich das als Kompliment. Klar, der Erfolg lässt mich nicht kalt, das wirkt wie eine Liposuktion von innen. Die Franzosen sind leider in der Hinsicht viel kritischer als wir, was auf die Dauer wahnsinnig anstrengend sein kann. Denn maßvolles Essen gehört einfach zum guten Ton. Gieriges Schlingen, die *gourmandise* ist verpönt. So steuern kulturelle Unterschiede automatisch das Gewicht. Meine beiden französischen Freundinnen sind die besten Beispiele. Und Sport machen die auch noch kaum, sie laufen lieber zu Fuß. Julie hatte sich die drei U-Bahn-Stationen vom Büro zum Restaurant gespart und war zu Fuß gegangen. Auch Charlotte war trotz ihrer hohen Schuhe von ihrem Termin hergelaufen. So halten die sich auch ohne Fitnessstudio und Joggen in Form. Bloß nicht ins Schwitzen kommen, das sieht so hässlich aus. Julie ist fest überzeugt: «Lieber Sport in Maßen, zu viel Anstrengung macht nur Hunger.»

Ich war mit dem Fahrrad gekommen, Kalorien verbrennen, und war auch beim Essen so richtig in Schwung. Dabei ermahnte ich mich immer wieder selbst: Schling nicht so! Leider vergesse ich gute Vorsätze ganz schnell wieder, spätestens in einer Minute. Und so freute ich mich schon auf den Nachtisch, als Julie und Charlotte gerade mal die Hälfte der Hauptspeise aufgegessen hatten. Ich schwankte nur noch zwischen Tiramisu und einer knusprig überbackenen *crème brûlée*. Irgendwann konnten meine Freundinnen nicht mehr – wie immer. «Das ist mir einfach zu viel», klagte Julie. Und auch Charlotte stocherte nur noch lustlos in ihren Pommes und schob den Teller zur Seite. «Fertig?», fragte der Ober und brachte schon die Speisekarte, damit wir uns den Nachtisch aussuchen konnten. Doch daraus wurde nichts. Julie und Charlotte verzichteten mal wieder darauf. Überhaupt ist der Nachtisch selten gefragt, lieber nehmen meine Freundinnen einen *Café gourmand*, einen Kaffee mit winzigen Nachtischportionen dazu. Dazu kichern sie dann kokett und flüstern was von *gourmandise*. Wenn das schon *gourmandise* ist … Doch diesmal hatten sie nicht einmal darauf noch Hunger. Mit gemischten Gefühlen verließ ich das Restaurant, wie so häufig. Wie gern hätte ich noch einen Nachtisch gegessen! Aber eigentlich ist es gut so, dass ich mich unter ihren strengen Blicken nicht traue, noch zum Dessert zu greifen. So bleiben mir wenigstens die Kalorien erspart. Allerdings, so richtig schmeckt's mir deshalb nicht, wenn ich mit meinen französischen Freundinnen essen gehe. Wie in einer Benimmschule fühle ich mich dabei, vorgeführt mit meinem gutdeutschen Appetit. Wie schön ist es, mit meinen deutschen Freundinnen ins Restaurant zu gehen. Da guckt keiner so genau. Und ich kann es mir richtig schmecken lassen.

Beim Essen mit Julie und Charlotte wurde mir mal wieder ganz klar: Der Schlankheitswahn in Frankreich ist ansteckend, oder warum hatte ich sonst der Nachtischversuchung widerstanden? Wie groß die Unterschiede zwischen dem deutschen Schlankheitsideal und dem französischen Magerkult sind, erlebe ich immer wieder, wenn mich deutsche Freundinnen hier besuchen. «Ich wiege ja mindestens zehn Kilo mehr», sagte Nina entsetzt bei ihrem letzten Parisbesuch und warf den Französinnen einen sehnsüchtigen Blick zu. Jetzt verstand sie auch meine Klagen. Dabei ist Nina keinesfalls dick, nicht einmal mollig, sondern ganz normal. Was normal ist – darüber scheint man in Frankreich offenbar ganz anderer Ansicht zu sein.

Bis ich nach Paris kam, hatte ich mir über mein Gewicht eigentlich nie Gedanken gemacht. Das hatte ein Eigenleben, ich musste es nicht ständig beaufsichtigen wie ein Kleinkind. Eine Waage habe ich nie besessen, was sich in Paris schlagartig änderte. Ich habe doch tatsächlich keine einzige französische Freundin, die dicker ist als ich. Das gibt zu denken. Wie ungerecht, dass die französische Esskultur die Frauen auch noch schlank macht, dabei hungern sie sich nicht halb zu Tode wie

Hollywood-Stars oder Models. Die Idealfranzösin wie Sophie Marceau ist nicht dürr, sondern schlank, trägt nicht Größe 34, sondern 36–38. Wie schaffen die das? Bauchansatz und Hüftspeck sind verpönt, die schmale Taille scheint so etwas wie eine nationale Pflicht zu sein, was in der Hauptstadt Paris auf die Spitze getrieben wird. Natürlich ist nicht jede Französin gertenschlank, aber eben doch schlanker als jede Deutsche.

In Deutschland hatte ich mich um Artikel in Frauenzeitschriften wie «Fünf Kilo in fünf Wochen» nie gekümmert. Doch besonders im Frühjahr sind die Schlagzeilen der französischen Frauenzeitschriften nicht zu übersehen. Sie quälen einen viel mehr als in Deutschland, weil man ständig «die Französin» vor Augen hat. Im Frühjahr ist die Frauenwelt zwischen Paris und Nizza noch etwas gnadenloser als sonst. Und wenn mal ein Trend wie «Rund ist chic» von den Zeitschriften verkündet wird, hat die Runde auf dem Titel höchstens Größe 40. Mit Größe 40 ist man nämlich in Frankreich schon rund. Dafür muss man wissen, dass die französische Größe 40 gerade mal einer deutschen 38 entspricht, was natürlich rein psychologisch auch nicht gerade zum deutschen Wohlbefinden beiträgt. Deshalb verlangen die ersten Sonnenstrahlen radikal: Diät. Die heißt hier ausgerechnet auch noch *régime*. Militärischer geht es kaum. Früher ließ ich mir die erste Sonne genüsslich auf den Bauch scheinen. Doch in Frankreich ist alles anders. Hier heißt es: Bikini herausholen, Ausmaß des Winterschadens vor dem Spiegel begutachten. Dabei kaschiert doch ein einteiliger Badeanzug eigentlich ganz gut, oder? Der Diätenwahn herrscht allerdings besonders in den Zeitschriften, scheint mir, denn die meisten Französinnen haben das ohnehin nicht nötig. Ich frage mich immer, für wen diese Diätartikel in Frankreich geschrieben sind, vielleicht für die wenigen, die doch trotz maßvoller Ernährung noch ein paar Kilo zu viel auf die Waage bringen?

Ich stelle mir das so vor: Die Französin liest zum Frühjahr die Artikel und holt sich vielleicht nochmal den ein oder anderen Tipp, wie sie noch schlanker werden kann, ohne aber wochenlang zu hungern. Meine deutschen Freundinnen dagegen befolgen die Ratschläge 100-prozentig. Wenn schon Diät, dann richtig. Da ist Konsequenz gefragt.

Wie bleiben die Franzosen – vor allem die Französinnen – so schlank, und warum kann ich nicht mithalten?

*A*ber es hilft alles nichts. Wenn man ständig hier lebt, versucht man sich zwangsläufig anzupassen. Gar nicht so leicht. Anfangs hoffte ich noch, dass das französische Schlankheitsgen irgendwie auf mich abfärbt. Aber das scheint ärgerlicherweise angeboren zu sein, mit der Muttermilch aufgesogen oder doch zumindest anerzogen zu sein. Keine Ahnung, wie man das sonst schafft. Es ist mir bis heute ein Rätsel, wie man mit 30, 40 oder gar 50 noch immer einen Bauch so platt wie eine 20-Jährige haben kann. Und auch die Männer sind hier schlanker, kaum jemand hat mit über 40 Jahren einen Bierbauch, weil kaum jemand hemmungslos isst. Doch mit der Zeit nimmt man zumindest etwas vom französischen Essverhalten an. Heute schockiert es mich fast, wenn deutsche Freunde mich besuchen und sich schon morgens mit Wurst und Käse vollstopfen, statt ein zierliches Stück Baguette mit Marmelade ohne Butter zu essen. Und mittags gibt es nochmal ein üppiges Essen, abends Abendbrot mit Wurst und dazu mindestens ein Bier. Dazwischen darf ein Snack – oder gar Kaffee und Kuchen – nicht fehlen. Ich habe mal unter die Lupe genommen, wie die Franzosen essen – ganz uneigennützig natürlich. Die Erfahrungen teile ich gern.

Die Essdisziplin wird hier sozusagen von der Mutter an die Tochter vererbt. Statt Fertigpizza gibt es für die kleinen Franzosen den Alltagsklassiker, Kartoffelbrei – nicht aus der Tüte versteht sich, sondern hausgemacht – und gekochten Schinken. Saft oder gar Brause kommt gar nicht auf den Tisch, sondern immer nur Wasser. Am besten stilles Wasser, weil das nicht so aufbläht. Auch die Kinder haben das schon intus, die sind total darauf gedrillt. Meine Freundinnen ermahnen oft ihre Kinder: «Das reicht jetzt, du hast dir schon einmal nachgenommen.» Während ich sage: «Iss dich schön satt, mein Kind.» Nicht nur über die Quantität der Speisen, sondern auch die Qualität wird gewacht. Logisch, dass auch die Schulmenüs darauf abgestimmt sind, gäbe es Burger und Fritten, da bin ich fest überzeugt, würden die Eltern Sturm laufen.

Das Menü in der Schule besteht jeden Tag aus einer Vorspeise (meist Salat), einer Hauptspeise mit Fleisch oder Fisch und Gemüse sowie Nudeln oder Ähnlichem. Danach gibt es einen Nachtisch, ein Milchprodukt und Obst. Ausgeglichener geht es nicht. Die Portionen sind nicht gerade groß, meine Kinder jedenfalls erzählen mir immer, dass sie nach dem Essen noch Hunger haben. Sie hätten gern ein zweites Stück Brot gegessen und andere Kinder auch. Meine Tochter, die zur Grundschule mit Kantine geht, erzählte mir vor kurzem: «Immer wenn jemand nach einem zusätzlichen Stück fragt, sagen die Betreuer: Ein Stück reicht, mehr ist nicht nötig.» Nur ein Stück ist erlaubt, damit die Kinder bloß nicht zu speckig werden. Was sind viele Kinder hier mager, als ob sie nicht genug zu essen bekommen! Da kann man fast die Rippen zählen. Wenn ich das mit den Kindern der deutschen Freunde vergleiche ... Die sind auch nicht unbedingt dick, aber sehen doch gesünder aus. Dafür können die Franzosen dann später triumphieren. Wenn sie älter werden, halten sie sich meist ganz automatisch an ihre Gewohnheiten, und das erscheint ihnen nicht einmal als Qual.

Bei einer Modenschau von Jean-Paul Gaultier in seinem Atelier in der Nähe der Gare de l'Est bekam ich vor einigen Monaten das beste Anschauungsmaterial. Gaultier ließ neben den jungen Models auch Topmodel und Modedesignerin Inès de la Fressange, eine ehemalige Muse von Karl Lagerfeld, über den Laufsteg gehen. Sie trug ein knallenges Kleid und hatte nicht ein Gramm Fett. «Sieht man meinen Bauch?», fragte sie mich kokett nach der Schau. Doch davon konnte keine Rede sein. Inès ist mit über 50 immer noch so schlank wie früher. Sie musste also garantiert wissen, wie man das schafft. Sie bestätigte mir, was ich schon längst geahnt hatte. In Frankreich heißt es: Weg mit der Waage und am Essbewusstsein arbeiten. Von strikten Blitzdiäten, Kalorienzählen und Hungern hält die Französin eigentlich gar nichts, höchstens im Frühjahr mal, wenn's denn wirklich nötig ist. Sonst setzt sie wie Inès de la Fressange eher darauf: «Keine Snacks, kein zweites Mal bedienen und kein Essen aus Langeweile.» In der ersten Reihe bei Gaultier saß wie immer Carine Roitfeld, die superschlanke Chefredakteurin der französischen Vogue – auch sie schon über 50, und bewunderte das Model: «Wir Französinnen passen einfach auf uns auf und essen bewusst», erzählte sie mir fast etwas zu überzeugt. Dabei hatte ich das Gefühl, von oben bis unten gemustert zu werden. Klingt doch gar nicht so kompliziert, oder?

Kurzum, was ich besonders gemein an der französischen Diät finde: Sie ist eigentlich keine. Hier werden keine praktischen Ananas- oder Reiskuren gemacht, um schnell Kalorien zu verlieren und dann lieber erst mal nicht mehr darüber nachzudenken. Wo wir uns in Deutschland noch in Grabenkämpfen um die beste Diät verstricken, legt man in Frankreich ganz einfach Wert auf eine bewusste und vernünftige Ernährung.

Nina verteufelt immer mal wieder pauschal Fett, schwört auf ein Essen ohne Kohlehydrate oder eine neue trendige Diät mit hohem Proteinkonsum. In Frankreich dagegen gibt es so einen Diätwahn kaum. Julie und Charlotte essen ganz einfach nach einem kalorienreichen Fest zwei Tage weniger. So bringen die Frauen (und auch die Männer) sich nach der weihnachtlichen *Foie gras* schnell wieder in Form. Als ich mit Nina vor einigen Monaten mal Julie traf, fragte mich Nina danach: «Ist die ständig auf Diät?»

Eben nicht. Echte, harte Diäten sind nichts für die Französinnen. Statt einmal zwei Wochen lang zu leiden und das Gewichtsproblem schnell (wenn auch nicht nachhaltig) los zu sein, wird beim Essen nachgedacht, was allerdings nicht heißen will, Kalorien zu zählen. Ehrlich: Ich habe noch nie eine Französin Kalorien zählen sehen, und ich glaube auch nicht, dass die das heimlich machen. Wenn Charlotte, die nicht ganz so leicht ihre schlanke Linie hält wie Julie, einmal gesündigt hat, reißt sie sich am nächsten Tag wieder zusammen. «So vermeidet man den Jojoeffekt», sagt sie überzeugt. Sie stopft nicht wochenlang mehr oder weniger wahllos alles in sich hinein, um dann zu jammern und Hunger zu leiden, wie das meine deutschen Freundinnen gern machen. Ich habe es mit Französinnen auch noch nie erlebt, dass sie im Restaurant die Karte nach kalorienarmem Fleisch und dampfgekochtem Gemüse absuchen und Brot, Nudeln oder Kartoffeln ablehnen. Das ist Ninas Spezialität, wenn sie gerade mal Diät macht. Sie erzählt mir immer wieder ganz stolz, dass sie zehn Kilo abgenommen hat, nur leider hat sie die ganz schnell wieder drauf.

Die wichtigsten Tipps für die Wochen nach dem Frühjahrsbikinitest vor dem Spiegel habe ich zusammengestellt.

Le régime – die goldenen Regeln für die französische Idealfigur

Glauben Sie nicht an die Wunderlösung, um abzunehmen. Die schlanke Linie ist harte, ständige Arbeit.

Vergessen Sie Blitzdiäten, der Körper rächt sich.

Sport in Maßen, lieber viel zu Fuß gehen. Treppenlaufen oder eine U-Bahn-Station vorher aussteigen. Denn zu viel Sport macht gerade Hunger.

Man muss den richtigen Moment für die bewusste Ernährung wählen. Wenn man unglücklich oder gestresst ist, sollte man das vertagen.

Warten Sie nie, bis Sie völlig ausgehungert sind. Dann isst man umso mehr.

Langsamer essen macht schneller satt.

Man kann alles essen, aber in Maßen. Das gilt auch für Nudeln, Brot, fettes Fleisch oder Schokolade.

Zählen Sie nicht die Kalorien. Essen Sie ausgeglichen, nicht zu fett, nicht zu süß, nicht zu viel und vor allem keine Snacks zwischendurch.

Eine Gemüsesuppe vor der Hauptspeise hält den Hunger in Schach. Das füllt, danach schmecken Fleisch und Pommes weniger.

Weniger Essen VOR den Festen sollte vermieden werden. Dann setzt der Festtagsbraten noch mehr an.

Wie dumm nur für mich, dass ich nicht die französische Kinderstube genossen habe und immer schön Brause, Saft und Kuchen satt bekam. Die Ernährungsdisziplin musste ich mir hier ganz mühsam angewöhnen. Und so geht mir die Verfettungspanik in Frankreich ziemlich auf die Nerven. Die nimmt allzu oft extreme Formen an, die einem die Esslaune gründlich verderben. Deshalb werde ich es auch nie schaffen, ganz so schlank wie die Französinnen zu werden. Einmal saß ich abends mit Charlotte im japanischen Restaurant und hatte ein gutes Gewissen, wie immer beim Japaner. «Sushi, wenig Kalorien», dachte ich, da sagt die doch glatt: «Findest du nicht, dass die Miso-Suppe ganz schön fett ist?» Wenn man schon keine Miso-Suppe mehr essen kann! Charlotte überrascht mich wie viele Französinnen immer wieder, weil sie, was das Essen angeht, so wahnsinnig konsequent ist. Nach ihren drei Schwangerschaften hatte sie ihr Idealgewicht immer innerhalb von zwei oder drei Monaten wieder. Vielleicht lag es auch daran, dass sie immer gleich wieder arbeiten ging, wie die meisten Mütter hier. Sie erzählte ständig von ihrem Stress als Unternehmensberaterin, und dabei konnte man förmlich zusehen, wie die Kilos verschwanden. Wenn sie dann doch mal etwas zulegte, nach Weihnachten etwa, registrierte ich das schadenfroh. Aber lange hielt mein Triumph nie an.

Denn sie isst ständig Lauchgemüse, das soll ja auch schlank machen. «Manchmal koche ich mir nur Lauch im Ganzen, lasse ihn abkühlen und tropfe dann etwas Balsamico-Essig drauf. Köstlich», erzählte Charlotte mir ihr Lauchrezept. Ich dagegen bevorzuge ganz klar Lauch mit gekochtem Schinken, Sahnesauce und Käse überbacken. Die Light-Variante müssen in Frankreich viele lecker finden, denn *Poireaux-Vinaigrette* (Lauch mit Dressing) steht auf den Speisekarten der meisten klassischen Restaurants. Was für eine Qual, ewig an die schlanke Linie zu denken. Wer will sich schon ständig der Gewichtspolizei ausgesetzt fühlen? Stellen Sie sich vor, es gibt den leckersten französischen Käse mit knusprigem Baguette – und man darf nur ein Ministück essen!

Sogar während der Schwangerschaft achten die Frauen eisern darauf, nicht mehr als neun Kilo zusätzlich auf die Waage zu bringen. Jedes Mal, wenn ich zur Untersuchung kam, saßen da viele Frauen, bei denen ich dachte: im fünften Monat schwanger. Dabei stand die Geburt kurz bevor. Die Ärzte und Krankenschwestern, die die Schwangeren untersuchen, notieren ganz genau, was sie denn essen – und geben sogar Diäthinweise für die Schwangerschaft. Im Krankenhaus bekam ich bei meinen beiden Schwangerschaften eine Liste mit Tipps: «Keine Kirschen essen, die haben zu viel Zucker.» Oder: «Kuchen, Schokolade und Chips sind ganz verboten», stand darauf. Klar, dass ich mich nicht daran gehalten habe, vor allem nicht bei der zweiten Schwangerschaft, und natürlich dafür bestraft wurde. Bei der ersten vor zehn Jahren hatte ich mein früheres Gewicht schnell wieder. Von der zweiten drei Jahre später schleppte ich ein Jahr lang noch die drei Kilo zu viel herum. Wer nicht hören will ... Von Schwangerschaftsgelüsten süßer oder salziger Art scheinen die Französinnen im Gegensatz zu uns deutschen Frauen nie etwas gehört zu haben.

Auch meine Frauenärztin geht nicht gerade zimperlich mit mir um, ständig muss ich mein Gewicht preisgeben. «Zwei Kilo mehr als im letzten Jahr», sagte sie, als sie mich bei meinem letzten Besuch vor einem Jahr auf die Waage stellte. Das hatte sie sich genau notiert. Ich murmelte etwas von: «Na, ich werde ja auch nicht jünger, bin ja nicht mehr 30 und darf doch mal etwas zunehmen. Ich hatte viel zu viel Arbeit und zu wenig Zeit für Sport.» Aber Ausreden zählen nicht, sie wies mich sofort zurecht: «Nicht gehenlassen, sonst haben Sie in fünf Jahren zehn Kilo mehr drauf.» Sie verabschiedete mich mit dem Ratschlag: «Sie müssen auf irgendetwas verzichten, Kuchen oder Wein, dann verschwinden die überflüssigen Kilos von selbst.» So einfach ist das hier in Frankreich!

Weil mir das alles viel zu anstrengend wurde, habe ich mich schließlich ganz pragmatisch gewichtsmäßig irgendwo in der Mitte zwischen Deutschland und Frankreich installiert und bin eigentlich ganz zufrieden, auch wenn ich nicht die schicken figurbetonten Roben anziehen kann, wie meine Freundinnen. Aber dummerweise sind hier nicht nur die Freundinnen kritisch, sondern auch noch die Männer ... Sie tun alles, um einem bei zwei oder drei Kilo zu viel einen Komplex einzureden. Es ist mir durchaus schon passiert, dass mich französische Freunde auf, wie sie fanden, unvorteilhafte Kleidung ansprechen: «Also das solltest du nicht mehr anziehen. Auf gar keinen Fall», sagte ein Bekannter vorwurfsvoll, als ich vor einiger Zeit auf einer Party eines dieser Tops mit Empire-Taille trug, die ja zugegebenermaßen wirklich nur was für Frauen mit Modelmaßen sind. Der Abend war für mich gelaufen. Schade, das Top mochte ich eigentlich gerne. Jetzt hängt es im Schrank und hofft auf bessere Zeiten. Auch in den eigenen vier Wänden entkommt man dem Schlankheitswahn nicht, von wegen sich schön in Jogginghose gehenlassen. Das kann man hier alles vergessen. Eine Freundin von mir, die immer ein paar Kilo mehr als die französische Idealfigur auf die Waage bringt, bekam von ihrem Mann zum letzten Geburtstag ein besonders gemeines Geschenk. Nein, keinen Staubsauger, sondern einen Wink mit dem Zaunpfahl in Form des Fitness-Boards Wii Fit. Dazu sagte der doch glatt: «Damit dein Cocktailkleid passt. Gib dir mal etwas Mühe.» Das Cocktailkleid hatte er ihr zum letzten Geburtstag geschenkt, leider etwas zu klein. Eindeutiger geht es nicht. Was die nur immer mit ihren Cocktailkleidern haben, als ob man die ständig trägt! Das sagt eigentlich auch schon alles über die Beziehung zwischen Frauen und Männern in Frankreich. Die Frau muss gleichzeitig Ehefrau, Geliebte, Hausfrau und Mutter sein, und der Mann? Ja, der hat es leicht und ist einfach nur Mann. Mehr über die armen Französinnen, die für die Männer bis ins hohe Alter immer schön und diszipliniert sein müssen, erzähle ich später zum Thema *l'amour*. Stellen Sie sich mal vor: nie wirklich relaxen zu können und immer auf der Hut sein. Da kann man ganz schön zickig werden!

Ich meine, wer will denn schon ständig Lauchsuppe essen, weil das so schön schlank macht? Und welcher Süßigkeiten-Freak schafft es, Schokolade oder Kuchen in Maßen und nicht in Massen (sprich: einmal die Woche) zu essen? Nur wer so von Anfang an auf Disziplin getrimmt wird wie eine Französin, kann das auf die Dauer durchhalten. Als Deutsche fällt einem das schwer. Die meisten meiner deutschen Bekannten haben das Buch *Warum französische Frauen nicht dick werden* von der Französin Mireille Guiliano (Bloomsbury, 2004) verschlungen. Während es meine französischen Freundinnen oft gar nicht kennen oder es sie nicht interessiert, weil sie die Prinzipien ohnehin verinnerlicht haben. Guiliano schreibt mächtig stolz: «Sie brauchen, was französische Frauen haben: ein ausgewogenes, langzeiterprobtes Verständnis für Ernährung und Ihre Bedürfnisse.» Doch wer hat das schon? Das erhoffte Wunder blieb daher bei meinen deutschen Freundinnen aus und bei mir auch.

Das Konzept der ausgeglichenen Ernährung klingt ganz einfach, ist aber eine echte Plage, wenn man nicht von Kindesbeinen daran gewöhnt ist. Es führt dazu, dass man sich ständig überlegt, ob das Essen auf dem Teller mit *le régime* vereinbar ist. Zwei Stück Huhn statt eins, eine Kartoffel zu viel, da meldet sich prompt das schlechte Gewissen. Ich habe das alles natürlich ausprobiert und geflucht. Etwas hat es genutzt, denn ich halte mehr oder weniger mein Gewicht (mit dezenter Aufwärtskurve, schließlich kann man nicht immer so aussehen wie mit 20) und vermeide den Jojoeffekt. Und Gewichtsjojo, das weiß man, macht auch noch Falten. Allerdings bin ich sicherheitshalber bei meinem gewohnten Sportprogramm geblieben, so das Übliche eben, etwas Joggen, Radfahren und Tennis, und stöckel nicht nur ein wenig durch die Pariser Straßen. Aber von der französischen Idealfigur kann ich trotzdem nur träumen. Was die Esskultur angeht, sind wir angeblich so disziplinierten Deutschen eben gar nicht so diszipliniert wie unsere sonst so lebenslustigen Nachbarn. Da hapert's oft bei mir an der Disziplin, auch nach Jahren in Frankreich.

Hilfe, die Franzosen werden fett oder wie das Schlankheitsideal staatlich gesteuert wird

*W*as für eine Genugtuung war es deshalb, als ich auf der Titelseite aller großen französischen Tageszeitungen plötzlich las: «Die Franzosen werden fett.» Wie ist das bloß möglich, die schlanke Linie, dieses Nationalheiligtum? Was für ein Schock für die Franzosen. Frankreich gerät in Panik, wenn es die Wörter dick oder übergewichtig hört. Noch gehören die Franzosen zu den dünnsten Europäern, aber wie lange noch, fragen die Medien seit einiger Zeit immer wieder. Weniger Zeit zum Essen, immer mehr Fastfood, ein Verfall der familiären Essgewohnheiten sind vielzitierte Gründe. Der traditionellen langen französischen Mittagspause geht es auch an den Kragen, vielen bleibt heute nur noch eine halbe Imbissstunde für die *malbouffe*, das schlechte Essen. Da frage ich mich doch: Macht eine lange Mittagspause schlank?

Einer von drei Franzosen ist zu dick, lautete die Horrornachricht. Wie kommt es nur, dass ich denen in Paris fast nie begegne? Vielleicht, weil es immer noch verhältnismäßig wenige sind, in Deutschland ist fast die Hälfte der Bevölkerung übergewichtig, und in den USA sind es zwei Drittel, frohlockten die französischen Zeitungen. Ganz versteckt fand sich auch die Info, die mich und meine deutschen Freundinnen ganz ungemein erfreute: Besonders betroffen von der Gewichtszunahme sind die französischen Frauen. *Oh là là, la catastrophe*, gerade die schicken Französinnen!

Alarm geschlagen haben die Medien hier vor einigen Jahren. Frankreich reagierte sofort ganz anders als Deutschland und begann, das Schlankheitsideal mit einem umfangreichen Gesundheitsprogramm staatlich zu steuern. Weil der geringe Bauchumfang zum Stolz der *Grande Nation* dazugehört, wurde sofort eine nationale Kampagne ausgerufen. Als ich in einer Zeitung in Deutschland über den Staatseingriff berichtete, bekam ich sofort begeisterte Leserbriefe: «Toll, dass das in Frankreich so geht. In Deutschland wäre das nicht möglich. Da würde man es nicht wagen, so eine Initiative zu ergreifen, aus Angst, dass gleich jemand ‹Diskriminierung› schreit.»

In allen Schulen in Frankreich wurden Kinder nach ihren Gewohnheiten befragt – und nicht nur die dicken. Meine Tochter, die alles andere als dick ist, wurde auch ausgesucht. «Was isst du, wann isst du, wie viel isst du, mit wem isst du. Machst du Sport?», wollte der Arzt wissen. Nur mit Feldstudien begnügte man sich aber nicht. Das Gesundheitsministerium startete sofort eine Medienkampagne. Mit dem Ergebnis, dass niemand mehr in Ruhe auf dem Sofa Werbung gucken und dabei genüsslich snacken kann. Den Spaß hat der französische Staat mir verboten.

Stellen Sie sich vor, Sie sitzen nichtsahnend vor dem Fernseher auf dem Sofa, trinken eine Flasche Bier und essen Chips. Dann wird plötzlich in jeder TV-Werbung über Nahrungsmittel, ob bei Wurst oder Schokolade, ein großer Untertitel eingeblendet: «Wenn Sie nicht dick werden wollen, verzichten

Sie auf Snacks zwischen den Mahlzeiten.» Oder: «Für Ihre Gesundheit: Essen Sie nicht zu fettig, zu süß und zu salzig.» Mir blieben fast die Chips im Hals stecken, als ich die Kampagne zum ersten Mal sah. Das ist viel effizienter, als wenn man sich selbst kleine Verbotsschilder an den Kühlschrank heftet. Seitdem snacke ich wenigstens nicht mehr vor dem Fernseher, und das ist doch auch schon was, oder?

Auch Kinder werden zwischen Schokolade und Keksen in der Werbung zu Sport und Gemüse aufgefordert. Denn gerade die französische Jugend ist heute dicker als noch vor zehn Jahren. Der Slogan lautet: «Fünfmal Obst und Gemüse pro Tag.» Seitdem kaufe ich tatsächlich noch häufiger Obst – und esse es dann auch. In den Schulen wird kostenlos Obst verteilt, und seit einiger Zeit ist es sogar verboten, seinen Kindern ein Brot für die große Pause vor dem Mittagessen mitzugeben. Das wird sofort konfisziert. So streng geht es im angeblich lockeren Frankreich zu. Doch der Effekt ist erstaunlich! Ständig erzählen sich meine Kinder und ihre Freunde, wie viele verschiedene Stück Obst und Gemüse sie am Tag gegessen haben. Und wenn die TV-Werbung es nicht geschafft hat, einem den Spaß am Snacken zu verderben, gelingt das den Kindern. Die ermahnen mich nämlich ständig. Das ist staatliche Erziehung! Bei der Küchenkultur lässt Frankreich nicht mit sich spaßen. Wenn es um Kulinarisches und die schlanke Linie geht, hat man schließlich einen Ruf zu verteidigen. Damit wir weiter die Französinnen bewundern können. Wer sprach vom Leben wie Gott in Frankreich?

KAPITEL 6

Tour de Gaule – ich schwelge im Shopping-Paradies

Warum wir in Frankreich ständig Lebensmittel einkaufen und das mein neues Hobby ist

*I*ch lebe im Shopping-Paradies, und Shopping ist bekanntlich äußerst ansteckend. Nein, dabei denke ich jetzt mal nicht an ein neues Paar Schuhe. Oft erwische ich mich dabei, dass ich mich frage, was ich wohl noch Leckeres einkaufen könnte. Etwas Käse oder den köstlichen Schinken, den mein Schlachter immer hauchdünn schneidet? Die Franzosen kaufen ständig ein, das ist genauso eine Marotte wie das ewige Essen. Denn die erste Regel der französischen Küche lautet: Immer alles frisch holen, weshalb man auch ständig Schlange steht. Eingekauft wird meist nur für einen Tag, sogar am Sonntag kann ich bis abends Lebensmittel besorgen, und viele Märkte sind am Sonntagmorgen geöffnet. Das Shoppen – vor allem auf den Märkten – scheint für die Franzosen ein regelrechtes Hobby zu sein, eine Art Familienausflug, bei dem sie sich mit Buggy und Rollern durch die Menge schieben. Auch ich kann nach Jahren in Frankreich nicht genug davon bekommen, sehe das mittlerweile als eine amüsante Freizeitbeschäftigung und drücke mich nicht mehr davor. Dabei bin ich eigentlich gar kein Einkaufsfan. Der Wochenendeinkauf in Deutschland, bei dem man sich mit dem prallgefüllten Einkaufswagen durch die Massen im Supermarkt quält und danach völlig erledigt ist, war mir immer lästig. Aber bunter als auf den Märkten in Frankreich geht es kaum. Hummer gibt es dreimal die Woche, dazu Hunderte von Fischsorten, Federvieh ist noch mit Kopf und Federn zu haben. Holzbottiche mit unendlich vielen Olivensorten finde ich neben afrikanischen und libanesischen Gerichten. Nur im August kam man in Paris schlecht einkaufen, weil alle im Urlaub sind, ihre Läden einfach schließen und auch die Marktverkäufer wegbleiben. Deshalb flüchten vermutlich auch die Pariser im August in Scharen aus der Stadt. Manchmal muss ich dann stundenlang durch die Straßen laufen, um ein Brot zu finden.

In meinem Viertel im Pariser Osten kann man einfach alles einkaufen. Hier leben viele Bobos, das ist eine Abkürzung von *Bourgeois-Bohème*, was bedeutet, dass man bürgerlich ist, aber auch ein künstlerische Ader hat. Die Bobos lieben Kunst ebenso wie Biokost und haben es gern kulturell bunt gemischt um sich. Multikulti würde man das in Deutschland nennen. Meine Lieblingsverkäuferin an der Kasse des Supermarktes stammt aus La Réunion vor Afrika und ist mit einem Hamburger verheiratet. Meine Zeitungsfrau kommt aus Algerien, die andere aus Indonesien. Gleich nebenan gibt es einen jüdischen Bäcker, einen Sushi-Laden, einen Chinaschnellimbiss und ein Couscous-Restaurant. In der Schule meiner Kinder sind die Klassenfotos ein kultureller Mix, was nicht erstaunt, wenn man bedenkt, dass ein Drittel der Franzosen ausländische Ursprünge hat. Das ist Paris, jedenfalls in den Vierteln, wo man noch einigermaßen günstig wohnt. Deshalb kann ich vom Zitronengras fürs thailändische Essen bis zum scharfen Harissa-Gewürz fürs Couscous alles bekommen, ohne weiter als fünf Minuten zu laufen. Was nicht heißt, dass das Einkaufen schnell geht ...

Warum ich ständig Schlange stehen muss

Gehe ich zum Bäcker, ist die Schlange ewig lang. Alle laufen zur selben Zeit zum Brotholen, kurz vor dem Mittagessen und kurz vor dem Abendessen. Zweimal am Tag muss man immer Baguette kaufen, sonst ist es nicht mehr *croustillante*, knusprig und knackig. So geduldig habe ich die Franzosen sonst nie gesehen! Bei der Übergabe von Croissant und Baguette werden immer einige freundliche Worte gewechselt. Beim Bäcker hält sich das glücklicherweise noch in Grenzen, man kann höchstens darüber diskutieren, welches das bessere Croissant ist, *ordinaire*, mit Margarine, oder *au beurre*, mit Butter.

Doch bei meinem Schlachter plaudert seine Frau Martine stundenlang – am liebsten mit den Männern. Sie sitzt an der Kasse, mit ihren perfekt lackierten Fingernägeln kann sie kein Fleisch anfassen. Außer Brathuhn habe ich sie noch nie etwas anderes servieren sehen. Deshalb werden die Schlangen vor der Fleischtheke ihres Mannes auch immer länger. Das ist noch ein Laden, bei dem morgens ganze Schweineleiber angeliefert werden und vom Chef persönlich zerschnippelt werden. Sein Fleisch gilt als besonders gut, deshalb stehe ich bei ihm besonders lange an, doch es lohnt sich. Dabei gibt es noch vier andere Schlachter direkt um die Ecke. Die alten Damen und Herren des Viertels kaufen bei ihm ein – und er kennt sie alle mit Namen. «Wie geht es heute Morgen, Madame Dumas?», fragt er etwa. «Was macht das Rheuma, was gibt es Neues von Ihrem Neffen?» Ich warte und warte, noch sind mindestens zehn Kunden vor mir, das dauert. Doch Madame Dumas fängt ungeachtet der immer länger werdenden Schlange an zu erzählen. Ist der persönliche Teil abgehandelt, geht's ans Fleisch. Was Madame Dumas denn wünsche, fragt er. Sie möchte ein ganz mageres Rindersteak. Worauf ihr der Schlachter die Vorzüge jedes einzelnen Stückes erklärt. Doch die Kundin ist immer noch nicht zufrieden. Deshalb öffnet er seinen Kühlschrank und zeigt ihr, was er noch so darin hat. Geduldig erklärt er ihr alles und wiegt ab, bis er das perfekte Steak gefunden hat. Dann säubert er jedes einzelne Fleischstück von Fett und Sehnen, sodass es pfannenfertig ist. Auch auf die genaue Dicke des Fleischstücks geht er ein. Will man es ganz dünn haben, um daraus Rouladen zu machen, schneidet er es vorsichtig mit dem Messer und walzt es dann noch platt. Versteht sich, dass er auch noch erklärt, woher das Fleisch genau stammt. Und so geht das bei jedem Kunden. Mitunter habe ich eine halbe Stunde gewartet, ebenso wie die Familien mit Kinderwagen. Uninteressant ist das nie. Das Vorteilhafte dabei: Wenn man selbst an die Reihe kommt, nimmt er sich auch Zeit. Zu dick die Schweinerippe für den Grill? Dann wird eben so lange gesucht, bis sich die perfekte Rippe findet. «Wie lange kocht man eigentlich ein *Bœuf Bourguignon* oder eine *Blanquette de veau*? Und wie lange braucht die Lammkeule nochmal im Ofen?», frage ich ihn. Und er fängt an zu erzählen. Mein Schlachter hat mir richtige Kochkurse gegeben, ohne dabei einmal nervös oder unfreundlich zu werden. Nur eins mögen die Händler nicht. Bargeld in einem größeren Schein als 20 Euro. Es ist mir schon öfter passiert, dass der Schein einfach nicht genommen wurde. Für ein paar Euro habe ich deshalb schon häufiger mit dem Scheck oder der Kreditkarte bezahlt. Bei meinem Schlachter darf ich sogar anschreiben – wie herrlich altmodisch, wo gibt es so etwas noch?

Auch beim Käseladen gegenüber gleicht der Einkauf einer Einführung in die französische Käsekultur. Die Entscheidung fällt mir nie leicht, so ähnlich muss es Kindern im Bonbonladen gehen: Kugeln, vulkanähnliche Gebilde, Pyramiden, Rollen, Herzen, Käse mit Asche, Schimmel, Calvados und getrockneten Weinblättern, von Kuh, Ziege oder Schaf. Munster aus dem Elsass, Schimmelkäse, Roquefort aus den Cevennen, Cantal aus der Auvergne, Reblochon aus den Savoyen. Mindestens zwei Käsesorten werden jedes Mal angeschnitten, damit ich sie kosten kann. Der Händler erklärt, welchen Käse ich zu welcher Saison am besten kaufe. «Der Vacherin ist zur Zeit noch sanft blumig im Geschmack», wird er mir etwa im September, zum Beginn der Vacherin-Saison über den Weichkäse aus dem Jura erklären. Ebenso geht es mir beim Weinhändler, wo ich gern auch kosten darf. Eins kommt bei Franzosen übrigens nie ins Haus: Die 1-Liter-Weinflasche und die Flasche mit Schraubverschluss, auch wenn der Wein sehr günstig ist. Dann wird lieber ein kleines Fass gewählt.

Am Gemüsestand muss bei jeder Melone, jedem Pfirsich und den Avocados erst mal gefragt werden, wann sie denn genau gegessen werden. «Soll's für heute sein oder für morgen?», will der Händler von mir wissen. Ich finde es bewundernswert, wie sie den genauen Reifegrad erfühlen. Nur wenn sie es gerade mal sehr eilig haben, würden die Franzosen in Plastik verpacktes Obst kaufen, so wie es in Deutschland meist schon zur Gewohnheit geworden ist. Daran kann man nicht so richtig schön drücken. Ich finde es wunderbar, dass man selbst auswählen darf. Igitt Bakterien, habe ich nie gedacht. Ich vergesse in Frankreich eher meine hygienischen Bedenken. So kann der Händler einem wenigstens nicht halbverfaultes Obst unten in die Tüte packen. Auch beim Fischhändler bekomme ich nicht einfach nur ein Stück Fisch zackzack eingepackt. Die frischen Jakobsmuscheln werden liebevoll gesäubert oder die Fische entgrätet. Um Fisch zu kaufen, gehe ich am liebsten am Sonntag auf meinen Markt. Nach 9 Uhr morgens tauche ich da aber lieber nicht auf. Dann stehen wie gehabt wieder alle Schlange um die Austern, Krebse, Muscheln und die riesige Fischauswahl an dem fast 20 Meter langen Stand. Überhaupt, beim

Einkaufen verbringe ich so einige Zeit, aber es stört mich erstaunlicherweise wenig. Das ist fast so etwas wie mein neues Hobby geworden. Ich könnte es glatt mit in meinen Lebenslauf schreiben, schließlich verbringe ich damit mehr Zeit als mit Skilaufen oder ins Kino zu gehen. Vielleicht sollte ich Einkaufs-Coach für Touristen in Paris werden? Ich unterhalte mich in den Läden jedenfalls bestens, zumal die Kunden in der Schlange sich gern die neuesten Rezepte oder Zubereitungsarten der Speisen erzählen. Das ist vermutlich der einzige Moment, in dem die Franzosen so richtig stressfrei und aufgeräumt sind. Für die Eiligen ist das nichts, der Einkauf bei Fleischer, Käseladen, Fisch- und Weinhändler zugleich kann sich durchaus einige Stunden hinziehen.

Kein Wunder, dass die Franzosen es lieben einzukaufen, das finde ich hier trotz der Schlangen so entspannend wie Yoga oder eine Massage. Je besser der Verkäufer die Begeisterung für seine Fleischstücke herüberbringt, desto glücklicher der Kunde. So geht es mir auch, und im Laufe der Jahre bin ich fast zu einem Lebensmittelexperten geworden. Ich weiß nicht nur, was richtig gut schmeckt, sondern auch, woher die Produkte stammen, welches die beste Qualität ist und wie man alles zubereitet; eingepackter oder vorher in Scheiben geschnittener Käse kommt mir schon lange nicht mehr ins Haus. Die französischen Händler scheinen mächtig stolz auf ihre Waren zu sein und preisen ihre Vorzüge an. Viele Franzosen haben noch ein inniges Verhältnis zu ihrem Schlachter oder Weinhändler und kaufen viel mehr bei den kleinen Spezialgeschäften um die Ecke als in großen Supermärkten. Denn in Frankreich wird, denke ich, mehr als in Deutschland, großer Wert auf die Herkunft und Qualität der Speisen gelegt. Gut essen ist nicht nur ein Privileg der Elite. Für ihre Ernährung sind die meisten Franzosen bereit, mehr Geld auszugeben, als ich es aus Deutschland gewöhnt bin. Dabei ist Sparsamkeit nicht gefragt. Mit dem Ausspruch «Geiz ist geil» wissen die Franzosen überhaupt nichts anzufangen. Nicht das billigste Fleisch oder Gemüse interessiert sie, sondern das beste.

Warum der Spargel in Deutschland besser schmeckt und ich saisonbewusster einkaufe

*E*rdbeere ist nicht gleich Erdbeere», erklärte mir Charlotte, als wir uns im Gemüseladen an der Ecke trafen. Zwischen der gemeinen Erdbeere und *la gariguette*, einer Edelerdbeere, gibt es eben einen himmelweiten (Preis-)Unterschied. Als ich mal Erdbeeren im März zum Nachtisch servierte, sagte Charlotte vorwurfsvoll: «Es ist doch gar nicht Erdbeerzeit.» Meine Antwort darauf: «Doch, doch, in Marokko schon.» Gleich zwei Fehler hatte ich mit meinen Erdbeeren, über die sich die Kinder übrigens sehr freuten, in den Augen der Franzosen begangen. Erstens war es nicht die richtige Saison, und Obst und Gemüse wird am liebsten in ihrer Saison gekauft, weshalb die Franzosen auch erstaunlich gut und viel besser als ich darüber informiert sind, wann welches Gemüse und welches Obst reif sind. Zweitens kaufen sie am liebsten aus der näheren Umgebung und natürlich aus Frankreich. Denn sie sind felsenfest davon überzeugt, dass weitgereistes Obst aus dem Ausland einfach nicht gut sein kann.

Was allerdings den Spargel angeht, da sind wir den Franzosen weit überlegen. Ständig sieht man auf den Märkten weißen Spargel mit lila Spitzen. Das stört im Gegensatz zum Spargelland Deutschland niemand. Blütenweißen Spargel kann man lange suchen, vielleicht hängt das auch damit zusammen, dass für so eine durch das Sonnenlicht leicht verfärbte Spargelspitze niemand in Frankreich in Herrgottsfrühe aus dem Bett klettern mag. So macht man eben aus Spargel mit violetten Spitzen in Frankreich eine Delikatesse. «Schmeckt doch würziger, oder?», fragte mich Charlotte. Doch bei Spargel bin ich immer noch ganz eigen, der muss mild und weiß sein und nicht würzig und lila verfärbt. Keiner meiner Freunde hier versteht mein Entzücken darüber, wenn ich weißen Spargel finde, der einem so richtig auf der Zunge zergeht.

Das wählerische Einkaufen in Frankreich geht natürlich ins Geld. Meine deutschen Freunde fragen mich häufig, wie denn die Franzosen es schaffen, mit niedrigeren Einkommen, höheren Mieten und höheren Preisen für Essen zu wirtschaften. Ganz einfach, erkläre ich dann immer: «Sie legen weniger Wert auf nagelneue Autos, die perfekte Kücheneinrichtung, das Bad und darauf, ob die Fensterläden neu gestrichen sind. Auch dreimal im Jahr Urlaub ist nicht drin. Stattdessen fährt man zur Familie und zu Freunden. Dafür wird im Alltag geschlemmt.»

Auch bei Süßigkeiten bin ich in Frankreich wählerischer geworden. Wenn ich etwas exquisites Süßes suche, gehe ich zu Pierre Hermé und Ladurée in der Rue Bonaparte im Viertel Saint-Germain-des-Prés. Wer Süßigkeiten liebt, für den ist das ein Paradies von Kuchen, Makronen und Torten. Ladurée ist auf Makronen spezialisiert, und wer einmal den Litchikuchen mit Himbeeren auf Baiser von Hermé gekostet hat, wird den Geschmack nie mehr vergessen. Auch die Makronen von Himbeer- bis zu Basilikumaroma bei Ladurée muten wie ein Kunstwerk an, sie sind so etwas wie die Haute Couture der Desserts in Paris und werden häufig bei luxuriösen Empfängen serviert. Die Makronen in allen Pastellfarben haben sogar Regisseurin Sofia Coppola zum zuckersüßen Dekor und Roben in ihrem Film *Marie Antoinette* inspiriert. Sie sind der Inbegriff des Pariser

Süßigkeitenchics. Nur so leckere Sahnetorten wie in Deutschland gibt es hier leider nicht, wohl auch, weil man nachmittags nicht Kaffee trinkt oder jemand dazu einlädt. Die fehlen mir sogar noch mehr als das deutsche Graubrot. Die Schokoladenkuchen hierzulande, die man immer direkt nach dem ohnehin schon üppigen Menu als Dessert verdrücken soll, sind nur ein dürftiger Ersatz dafür. Wenn mich die Franzosen fragen würden, was ich besonders in Frankeich vermisse, würde ich sagen: das gemütliche deutsche Kaffeetrinken mit Sahnetorten. Aber bitte mit selbstgeschlagener Sahne, nicht aus der Spritzflasche, wie hier die *chantilly* immer serviert wird. Auch mit einer Käsetorte kann man mir eine Freude machen. Nur fragt mich hier niemand, denn keiner kann sich vorstellen, dass mir in ihrem herrlichen Feinschmeckerland auch nur irgendetwas abgehen könnte. Dafür tröste ich mich eben mit den französischen Spezialitäten und den Märkten. So etwas gibt es in der Art und Vielfalt in Deutschland einfach nicht. Typisch pariserisch ist auch der Straßenmarkt Buci in Saint-Germain-des-Prés mit Schlachtern und Fischhändlern, auf dem die Bewohner des Viertels einkaufen. Wenn ich durch die kleinen engen Straßen wandere, fühle ich mich manchmal noch auf den Spuren von Hemingway und Fitzgerald, die die Gegend liebten. Wenn ich dagegen besonders günstig kaufen will, mache ich einen Ausflug zur Metrostation Barbès-Rochechouart im Pariser Norden, wo viele Afrikaner leben. Hier gibt es kiloweise Gemüse zu Sonderpreisen. Wenn ich Stars beim Gemüseshoppen zusehen will, gehe ich auf den Biomarkt Raspail in der Nähe des Jardin de Luxembourg. Carla Bruni, Gérard Depardieu, John Galliano von Dior und Catherine Deneuve kaufen dort ein. Da füllen die Franzosen ihre trendigen Körbe aus Bast mit ausgewähltem Grünzeug und Bio-Bordeaux-Weinen. Angeblich soll es auch der beste Ort zum Flirten sein, sagte mir jedenfalls Julie. Doch das ist eine andere Geschichte, die ich im Kapitel über die Liebe erzählen werde. Aber nicht nur in Paris, in ganz Frankreich sind die Märkte ein Erlebnis – für mich auch noch nach Jahren hier. In fast allen Orten gibt es mindestens einmal in der Woche einen Markt, auf dem man alle regionalen Spezialitäten findet und auf den meisten von ihnen mittlerweile zumindest einen Biostand.

La green attitude

In Frankreich war bis vor kurzem nichts bio, Umweltbewusstsein gab es schlichtweg nicht. Mich hat das jahrelang schockiert. Doch seit einiger Zeit ist Bio der große Trend. Immer mehr Franzosen bestellen sich Biogemüse bei lokalen Organisationen von Biobauern. Auch Prominente erzählen seit neuestem, wie wichtig ihnen das ist.

Frankreich steckt allerdings noch in den Kinderschuhen, was das Umweltbewusstsein angeht, auch wenn Präsident Nicolas Sarkozy sein Land auf internationalen Veranstaltungen immer als den Vorreiter in Sachen Umwelt darstellen will. Doch Mülltrennung gibt es erst seit kurzem, Licht brennt immer noch stundenlang, auch wenn man es nicht braucht. Die Autos werden angelassen, wenn man schnell rausläuft zum Zeitungholen oder stundenlang an einer Stelle im Stau steht. Das ist für mich einfach unverständlich. Und Kinder werden jeden Tag in einer Badewanne voller Wasser gewaschen, weil sie so wahnsinnig schmutzig sind. In den Treppenhäusern habe ich oft das Gefühl vergiftet zu werden, so stinkt das nach Reiniger. Seit kurzem ist Bio und Umwelt nun in aller Munde, und ich muss mir immer Gespräche anhören, die es vor 25 Jahren schon in Deutschland gab.

Was uns als Deutsche in Frankreich immer wieder erstaunt,

ist auch, mit welcher Selbstverständlichkeit man sich hier auf Atomkraft verlässt. Das scheint niemand als Störfaktor im neuerwachten Umweltbewusstsein zu empfinden – im Gegenteil. Während Atomkraftwerke international 17 Prozent zur Stromversorgung beitragen, in Europa ein Drittel, sind es bei der nationalen Stromnachfrage in Frankreich knapp 80 Prozent. Die Atomindustrie ist vom Bau der Anlagen über die Stromerzeugung bis zur Wiederaufbereitung staatlich organisiert. Man will sich damit unabhängig von der Energieversorgung durch Erdöl machen. Kritik daran? Die beschränkt sich im Wesentlichen auf das ein oder andere Greenpeace-Boot, das vor der Wiederaufbereitungsanlage herumschippert. Die Bevölkerung stimmt zu oder ist gleichgültig, Widerstand gegen Kraftwerke gibt es kaum. *Vive* das staatliche Atomprogramm, Hauptsache, der Strom ist billig. Natürlich sind französische Atomkraftwerke unglaublich sicher, verglichen mit dem Rest der Welt! Ich habe es aufgegeben, mit Franzosen darüber zu diskutieren. Die erklären einem dann nur, dass Atomkraftwerke wenig CO_2 ausstoßen und gut für den Klimaschutz sind – wenn das keine *green attitude* ist ...

Die Grünen spielten deshalb auch bis vor kurzem in Frankreich keine Rolle. Wie alle anderen Parteien Frankreichs stimmten sie der Atomkraft zu, das trennte sie immer von den deutschen Grünen. Alternative Energien? Windkraft verschandelt doch nur die Umwelt. Jahrzehntelang hat man sich über das deutsche Umweltbewusstsein lustig gemacht, fand den deutschen Ökowahn völlig abwegig. Er wurde mit unattraktiven Körnern und mangelndem Komfort assoziiert. Die Franzosen sprachen ironisch von «Le Waldsterben», so ein Unsinn konnte auch nur den Deutschen einfallen. In Frankreich hat man gar kein Wort dafür, und damit existiert es auch nicht. Aber so ist es immer hier, was man verschweigt, das gibt es gar nicht. Uns

Deutschen, die wir in der Hinsicht viel kritischer sind, erscheint das oft reichlich naiv. Auch die Tschernobyl-Wolke machte erstaunlich präzise vor der französischen Grenze halt – und die Franzosen glaubten das sogar lange Zeit. Klar doch, die Winde standen günstig.

KAPITEL 7

Le grand Blabla – wie ich in die Konversation à la française eingeführt wurde

Wie plaudert man locker mit Franzosen?

Franzosen sprechen schneller als jeder Staubsaubervertreter. Schon mal französische Nachrichten gehört und was verstanden? Auch in den News wird wild geschnattert. Da rattern die Sprecher ihren Text nur so runter, ohne Punkt und Komma. Das färbt ab. Wenn ich heute Französisch spreche, rede ich schneller und höher als im Deutschen. Ja, man macht gar so etwas wie eine Persönlichkeitsveränderung durch. Rede ich Deutsch, klingt meine Stimme dunkler und energischer. Schalte ich auf Französisch um, höre ich mir selbst manchmal ganz erstaunt zu. Wer ist dieses Mädel mit dem zarten Stimmchen? Da habe ich mir wohl ein Beispiel an den Französinnen genommen. Offenbar klinge ich viel weiblicher. Denn mir hat noch nie jemand gesagt, dass ich charmant bin, wenn ich Deutsch spreche. Im Französischen ist mir das doch tatsächlich schon öfter passiert. Oder liegt es daran, dass ich dabei immer so putzig den Mund spitze wie die Französinnen, was mir zu Anfang immer einen Mund-Muskelkater einbrachte.

An die Anfänge in Frankreich erinnere ich mich noch wie heute. Außer *oui, non* und *merci* brachte ich erst mal gar nichts raus. Ging ich zum Bäcker, radebrechte ich «*un baguette*». «*Une baguette*», verbesserte mich die Bäckersfrau immer wieder. Das Baguette ist weiblich, nur das gemeine Brot *le pain* ist männlich. Nach einigen Monaten schaffte ich zumindest «die» Baguette zu kaufen, ohne dass die Bäckersfrau gleich ihre paar Brocken Englisch herauskramte, um mir sprachlich auszuhelfen. Denn dann verstand ich sie überhaupt nicht mehr. Mit meinem Schulfranzösisch kam ich nicht weit in Frankreich, denn die Konversation *à la française* ist eine Königsdisziplin. Nach einem zaghaftem «ça va», wie geht's, erstarb meist das Gespräch; mit einem Nichtfranzosen zu sprechen, der zudem die Sprache nur mangelhaft beherrscht, ist für einen Franzosen so eine Zumutung wie bei uns jeden Sonntag seine Oma zu besuchen.

Traf ich mich anfangs mit Franzosen, brummte mir spätestens nach zwei Stunden der Kopf. Zu schnell, zu hektisch ging es mir im Gespräch zu. Doch irgendwann musste die große Hürde genommen werden. Ich begleitete also eine deutsche Freundin, die schon länger in Frankreich war, in ein Café in Saint-Germain-des-Prés und war ganz schön aufgeregt. Die intellektuelle und schöne Elite von Rive Gauche, der vornehmen linken Seineseite, trifft sich gern im Café de la Mairie an der Kirche von Saint Sulpice und trinkt dort nachmittags ihren Kaffee. Der große Platz vor der Kirche ist der ideale Ort zum Sehen und Gesehenwerden. Die französischen Freunde hatten alle irgendwelche Eliteschulen besucht, wie die ganz vertraulich genannte Politikhochschule Sciences Po, und unterhielten sich geistreich über französische Politik. Sie spielten sich gegenseitig ständig die Worte wie Bälle zu. Wie in Roland Garros beim Tennisspiel fühlte ich mich, während ich meinen Kopf immer wieder hin und her warf. Wieder kam ein Ball aus einer anderen Ecke geschossen. Mir wurde fast schwindelig dabei, so schnell und durcheinander wurde geredet. Verstanden habe ich nicht mal die Hälfte. Ging es immer noch um Politik oder schon um Brad Pitt?

Ab und zu verstand ich doch Wortfetzen, sie plauderten über die neuesten Filme, die geplanten Skiferien und wer mal wieder wen verlassen hatte. Mein Nachbar zur Rechten hatte die Situation echt im Griff. Er gehörte zu diesen Franzosen mit guten Manieren und tadelloser Schulbildung, die wissen, wie man Konversation betreibt. Zu allem hatte er was zu sagen. Ich steuerte dagegen ab und zu nur bei: «*Ah bon*?», ach echt, oder «*pas vrai*», kann nicht wahr sein. Und hoffte dabei, dass ich die richtige Stelle in der Unterhaltung erwischte. Manchmal träumte ich einfach vor mich hin und dachte an amüsante Abende in deutschen Bars. «Hoppla», was hat der gefragt, fuhr ich dann oft aus meinen Träumen hoch. Einer hatte mich doch glatt direkt angesprochen. Prompt wurde ich rot. Doch sofort war ich wieder vergessen, weil jemand anders etwas erzählte.

Keiner ließ den anderen ausreden, wie so oft in Frankreich. Gewonnen hat hierzulande, wer beim verbalen Schlagabtausch das letzte Wort hat. Weil pausenlos geredet wird, darf man einfach dazwischenquatschen. «Wie soll ich da nur mithalten?», fragte ich die deutsche Freundin. «Sag einfach irgendwas, was dir in den Kopf kommt, völlig egal. Nur überzeugt musst du davon sein», antwortete sie. Tja, mit der Überzeugung war das so eine Sache, haperte es doch nicht nur an der Sprache, ich hatte schlichtweg nicht die geringste Ahnung, wie man französisch plaudert. Also schwieg ich und drohte dabei zu platzen. Sonst bin ich eigentlich gar nicht der stille Typ. Doch hier bekam ich kaum einen Ton raus. Ich hatte das Gefühl, dass jedes Wort auf die Goldwaage gelegt wird. Machte ich dann doch mal den Mund auf, verstummte das ganze Gespräch schlagartig, und alle sahen mich an. Die einzige Reaktion war leider oft nur ein ironisches «Jawoll» oder «Achtung», fehlte nur noch, dass sie zackig die Hacken zusammengeschlagen hätten. Wenn sie schon mal mit mir sprachen, ließen sie sich besonders am

Anfang meiner Pariser Zeit im Tonfall gern durch diese Filme über die Nazizeit inspirieren, in denen die Deutschen immer schlecht wegkommen, wie der Publikumsrenner *Die große Sause* von 1966 mit Louis de Funès, in dem die deutschen Besatzer von den pfiffigen Franzosen veralbert werden.

Doch zu gern hätte ich bei ihren scharfzüngigen, satirischen Bemerkungen über Politik und Gesellschaft mitgehalten. Viele ihrer Witze nahm ich anfangs ernst und sorgte damit für irritierte Blicke. Die Franzosen setzen ihren ganzen Ehrgeiz daran, immer cool und locker zu bleiben und nichts zu ernst zu nehmen. Deshalb können Gespräche über Politik oder Religion auch riskant sein, wenn man die Leichtigkeit nicht beherrscht, stellte ich fest.

Einmal war ich bei der Filmpreisverleihung «César», eine ausgesprochen französische Veranstaltung, bei der aber immer ein ausländischer Film ausgezeichnet wird. Nun, im Jahr 2008 war dann auch mal ein Deutscher an der Reihe, Florian Henckel von Donnersmarck. Begeistert hatten die Franzosen von seinem Stasi-Drama *Das Leben der Anderen* geschwärmt. Das war mal ein Film nach ihrem Geschmack, mit allem Pikanten, was Deutschland so zu bieten hat. Der sichtlich aufgeregte Regisseur, der für den Film auch schon den Oscar erhalten hatte, kam allerdings weniger gut an. «Ach, ist der groß», und vor allem: «Ach, ist der deutsch», hörte ich die französischen Journalisten hinter den Kulissen flüstern. Warum? Seine Rede war einfach für den französischen Geschmack zu trocken, zu lang, zu belehrend und gar nicht witzig. Nach dem Film erwartete man eine knappe, geistreiche Darbietung. Diskretion ist gefragt, sich nicht zu weit mit einer Meinung aus dem Fenster zu hängen, lieber leicht, locker und unterhaltsam bleiben. Das fällt mir doch ziemlich schwer, ich rufe eher alles lauthals heraus, was ich weiß und denke. Auch heute schockiere ich die

Franzosen noch damit, weil ich manchmal einfach richtig Lust auf ein schönes Streitgespräch habe und nicht nur auf gepflegte Exkurse.

Nun gut, so ein bisschen Blablabla kann man sicher lernen, auch nach neuen Regeln. «Dann schenk ich mir eben die Genauigkeit und Sachlichkeit und plapper einfach drauflos», dachte ich mir. Allerdings hatte ich eins vergessen: In kaum einem Land wird so auf Wortwitz geachtet. *Le bon mot*, das passende geistreiche Wort, muss es schon sein. Eins wurde mir klar, wenn sie einen verstehen wollen, geben sie sich Mühe zuzuhören. Leider wollen sie das meist nicht. Da muss man erst mal richtig Französisch lernen. Beim Parlieren durfte ich als Nichtfranzösin nicht erwarten, verschont zu werden. Wer nicht mithalten kann, hat einfach Pech gehabt. Eine Sechs, ungenügend, setzen.

Bei mir lief das anfangs gar nicht so richtig rund. Ich haute einige Male sogar so richtig daneben. Einmal nahm Julie mich mit zu Freunden in eine Luxuswohnung mit Blick auf die Seine. Ich war schon ziemlich neugierig, endlich mal zu erfahren, wie es in den vornehmen französischen Kreisen zugeht. Durch riesige Fenster, die fast bis zum Boden reichten, sah man den Louvre. Das geräumige Wohnzimmer mit den hohen Wänden und dem Stuck an der Decke ging direkt in einen Wintergarten und eine Terrasse über. Ich konnte nur staunen. Julie erzählte mir: «Die sind gerade in die Wohnung eingezogen, das ist die Einweihungsparty.» Als die Gastgeberin mich begrüßte, lobte ich ihre Wohnung. Gern hätte ich sie weiter besichtigt, doch Julie flüsterte mir zu: «*Ça ne se fait pas.*» Das macht man nicht. Schade. Seltsam fand ich das, wenn ich eine neue Wohnung hätte, würde ich doch die ganze Pracht stolz zeigen wollen. Anders in Frankreich, da ist der Privatbereich so was wie ein heiliger Schrein. Weil ich so neugierig war, stellte ich dann die fatale

Frage: «Was kostet denn so was eigentlich mitten in Paris? Das muss ein Vermögen wert sein.» Die Gastgeberin überhörte die Frage einfach und verschwand zum nächsten Gast. «Ich muss noch jemand begrüßen», flötete sie, und weg war sie. Ich stand wieder allein, denn Julie war mitten in einem Gespräch mit einem attraktiven Bekannten. Als ich sie gefühlte Stunden später wiedersah und ihr von der Reaktion der Gastgeberin erzählte, lachte sie: «O là là, da hast du einen wunden Punkt getroffen.» Und sie versprach, mir die Grundregeln der französischen Konversation zu erklären.

Da wäre zunächst einmal die Frage des Geldes. «Man fragt in Frankreich nie nach Geld. Das gehört sich nicht», sagte sie und biss genüsslich in eine Kartoffel mit Kaviarfüllung. Geld hat hierzulande keinen guten Ruf. Der verstorbene Präsident François Mitterrand sagte schon: «Geld korrumpiert, Geld macht käuflich, Geld vernichtet. König Geld verdirbt die Menschen.» Wie wenig die Zurschaustellung von Geld ankommt, zeigen auch die Reaktionen auf die Anfangszeit der Präsidentschaft von Nicolas Sarkozy, als er noch so prahlerisch «blingbling» war und mit der Rolex herumlief. Oder auch die Empörung über die hohen Prämien von Firmenchefs und Bankern. Das geht gegen die Kultur der *égalité*, der Gleichheit. Jetzt könnte man meinen, man hat es mit lauter Tugendbolzen zu tun. Nein, so ist das nun auch wieder nicht. Dabei geht es nur um die Fassade. Was jemand verdient, ist ein Geheimnis, wer viel hat, spricht nicht darüber. Da ist im Gegensatz zu den USA Understatement gefragt. Ich habe seitdem doch öfter mal nach Geld gefragt, weil es mir einfach unbändig Spaß macht, die Franzosen herauszufordern. Wollte ich wissen, was sie für eine Wohnung angelegt haben, bekam ich Antworten wie: «Schon etwas mehr als für unsere alte Wohnung.» Oder: «Ich sag es dir, aber sag es niemand weiter.»

Jetzt verstand ich auch, warum eine weitere Frage, die ich auf der Party gestellt hatte, nicht gut ankam. Da hatte ich einen neben mir am Buffet gefragt: «Und was machst du in Paris?» Das ist auch eine Frage, die ein Franzose nie so direkt stellen würde. Da kann man ihn gleich fragen, was er verdient. Julie hatte mir den Mann am Buffet vorgestellt: «Das ist Baptiste, der spricht gut Deutsch.» Man stellt die Leute, wenn es sich vermeiden lässt, nicht mit ihrem Beruf vor. «Besser ist eine andere Gemeinsamkeit. Ein gemeinsames Hobby oder Ähnliches», gab mir Julie mit auf den Weg. «Verpönt sind auch Mütter, die kein anderes Thema kennen als ihre Kinder.» Dann gilt man schnell als Langweilerin, die nichts anderes im Kopf hat. Während ich mich im Raum umsah, dachte ich darüber nach, woran man merkt, dass man einen Franzosen langweilt? Beobachten Sie mal: Oft zuckt er dann ganz besonders gallisch mit den Schultern, prustet im schlimmsten Fall noch etwas, das wie «puh» klingt. Das drückt Desinteresse aus.

Dann schon lieber über Kultur plaudern, das ist eins der Lieblingsthemen auf den Partys. Neben mir auf dem Fest standen zwei Frauen, die unterhielten sich gerade angeregt über eine neue Kunstausstellung im Centre Pompidou. Die eine sagte: «Die ist *vraiment naze* (total mies). Der Künstler ist *fini* (out), aber nicht weit entfernt im Marais gibt es eine Fotoausstellung, die ist *le top* (absolute Spitze).» Ihre Freundin antwortete: «Findest du wirklich? Die habe ich gesehen, aber der Fotostil ist absolut nicht mein Geschmack, *c'est pourri* (wörtlich: verfault, also total schlecht).» So in etwa laufen viele Gespräche ab, immer schön dick auftragen, das trifft genau den Ton. Das habe ich heute alles durchschaut, überrascht bin ich nur noch selten.

Was sagt man nicht? Womit blamiert man sich?

Nie über Geld reden.

Nichts zu ernst nehmen und aus der Fassung geraten. Immer cool, witzig und locker bleiben.

Nicht zu ernsthaft werden, eine gewisse Leichtigkeit des Seins, man mag es auch Oberflächlichkeit nennen, ist bei Gesprächen erwünscht.

Nicht ständig über die Kinder reden, das langweilt die Franzosen und auch die Französinnen.

Vorsicht bei den Reizthemen: Religion und Politik. Nie zu sehr hineinsteigern.

Franzosen hassen Besserwisser.

Wenn man jemand vorstellt, nicht sagen, was er von Beruf ist. Lieber eine Gemeinsamkeit finden, wie: Beide segeln.

Mon Dieu, langsam wurden mir die Benimmregeln etwas zu kompliziert. Ich wollte mal wieder so freiheraus reden, wie es mir gerade einfiel, und nicht ständig nachdenken müssen. Mir fehlte dabei oft die Spontanität, alles wirkte gar zu förmlich. Überhaupt, warum machen die eigentlich ständig seriöse Konversation? Ein bisschen mehr Klatsch und Tratsch könnte es schon sein. Ich hatte es satt, immer wieder gefragt zu werden: «Hast du die Soundso-Ausstellung gesehen?» Gähn. Nicht, dass mich Ausstellungen nicht interessieren, im Gegenteil.

Aber für meinen Geschmack wird etwas zu oft über Kultur, besonders französische Kultur diskutiert. Über Oscar-Gewinnerin Marion Cotillard oder Charlotte Gainsbourg, die sich über die Grenzen von Frankreich hinaus einen Namen gemacht haben. Oder über französische Filme wie *Entre les murs* (*Die*

Klasse) von Laurent Cantet, ein Film über eine Problemschule in Paris, der in Cannes die begehrte Auszeichnung «Goldene Palme» bekam. Lange Zeit waren auch Regisseur und Schauspieler Dany Boon und sein Film *Willkommen bei den Sch'tis* ein beliebtes Thema. Die Komödie brach in ihrer Heimat alle Kinorekorde und war der erfolgreichste Film seit 1945. Warf ich dann Namen ins Spiel wie Til Schweiger oder Dieter Bohlen, sah ich nur ein großes Fragezeichen auf ihren Gesichtern. Nur Tokio Hotel kennen mittlerweile alle hier.

Heute kann ich bei den meisten französischen Stars mitreden, kenne nicht nur Voltaire, sondern auch die Band Air, die Musik für die Filme *The Virgin Suicides* und *Lost in Translation* von Sofia Coppola gemacht hat. Aber auch den Rest der jungen französischen Szene von Benabar bis zu Yann Tiersen, dessen Musik in dem deutschen Film *Good Bye Lenin* und in *Die fabelhafte Welt der Amélie* zu hören ist. Ich weiß auch, wie man Kommentare über Schallplatten oder Bücher abgibt, ohne sich lächerlich zu machen. Sage: «*Plus chic, tu meurs!*» (Angesagter geht es nicht.) Die Variante: «*Plus belle, tu meurs.*» (Schöner geht es nicht.) Das ist ein Klassiker. Dann gibt es immer wieder Modeworte wie «*C'est frais*», was so viel heißt wie: Das ist frisch, gemeint ist modern. Ich weiß auch meist, was man besser nicht mehr sagen sollte, etwas «*Ça le fait*» für: Das ist gut. Das gilt in der Kulturszene als zu abgegriffen.

Trotzdem bin ich immer noch kein Fan der französischen Kultur, ich erstarre wirklich nicht in Ehrfurcht davor. So richtig zum Mitsingen oder Mitsummen ist die Musik selten, dazu sind die Chansons oft viel zu kompliziert. Manchmal habe ich das Gefühl, dass es gegen die Künstlerehre geht, einen Hit zu schreiben, mit einer netten Melodie und einem nicht zu komplizierten Text. Dann haftet einem gleich das Etikett Kommerz an. Hier gibt es immer noch haufenweise Musiker, die ganz offensichtlich die Welt verbessern wollen und ganze Romane in ihre Lieder packen. Nicht nur die Musik, auch die Literatur tritt in Frankreich mit einem großen Anspruch an. Ernsthaftigkeit ist gefragt, es geht um soziale Probleme und Lebensängste. Nur ein langweiliger Buchtitel und Umschlag scheinen Erfolg und Buchpreise zu garantieren.

Und ständig geht es um Sex

Auch mit den Witzen ist das so eine Sache. Da scheinen wir einfach ziemlich häufig nicht denselben Humor zu haben. Zu ernsthaft, das wirft man den Deutschen hier oft vor. Nicht schlagfertig, nicht zweideutig und nicht witzig genug. Dafür zu pedantisch und zu besserwisserisch. Es fehlt uns an *dérision*, der Fähigkeit zum Spöttischsein, meinen die Franzosen. Das fiel mir ganz schön auf die Nerven, dass einem das ständig vorgehalten wird. Werde ich auf deutsche Art ironisch, versteht mich hier kein Mensch. Da ernte ich jedes Mal verständnislose Blicke, die nehmen das oft zu ernst. Dabei schätze ich Ironie sehr, damit bin ich aufgewachsen. Nun, das kann ich mir hier schenken. Und das ist noch nicht alles. Wir, die Franzosen und ich, lachen zum Beispiel schon mal nicht an denselben Stellen im Kino. Während ich mich totlache und mir begeistert auf die Schenkel klopfe, kommt von denen keine Reaktion. Wenn ich denke: ach, wie albern, amüsieren die sich wie Bolle. Wir finden einfach oft nicht dieselben Dinge lustig. Nehmen wir mal den 1. April, wenn alle bei uns jemand reinlegen und sich dazu mehr oder weniger originelle Dinge ausdenken, immer schön auf die Situation und die Person bezogen, die sie veräppeln wollen. Nicht so in Frankreich. Hier geht das den offiziellen Weg, und der läuft so: Wir malen Fische auf Papier, schneiden sie aus und kleben sie dann jemand heimlich hinten auf die Jacke. Ha, ha, ha. Witzig, nicht? Warum Fische? Da gibt es einige Erklärungen, etwa dass es kurz nach Ende des Sternzeichens Fische ist. Jetzt fragen Sie sich sicher, bis zu welchem Alter das erlaubt ist. Da sage ich mal: Open End. Ich war sogar mal auf einer 1.-April-Party. Das war dann allerdings ziemlich lustig, weil dabei der komische Brauch auf die Schippe genommen wurde. Die Deko der Party bestand aus haufenweise hässlichen Plastikfischen, die von der Decke hingen – ganz schön skurril.

Gerne machen die Franzosen sich auch über uns Deutsche lustig, wenn wir dabei sind. Ihr Nachbarland finden die meisten ohnehin kalt und uncharmant. Einen Witz dazu erzählte mir mal ein Nachbar, der beruflich öfter nach Deutschland fährt und sogar etwas Deutsch spricht: «Wodurch unterscheiden sich ein Deutscher und ein Franzose im Urlaub? Der Franzose nimmt sich einen Stuhl, legt seine Beine auf einen zweiten Stuhl und trinkt entspannt einen Pastis. Der Deutsche setzt sich auf einen Stuhl, trinkt ein Bier und ermahnt den Franzosen, doch seine Beine vom Stuhl zu nehmen.»

Mittlerweile verstehe ich den französischen Humor besser. Ich verfolge seit Jahren die Comedy-Sendungen, die zur besten Sendezeit in allen TV-Sendern laufen. So die Comedy-Show *Un gars, une fille*, bei der die Beziehung zwischen Männern und Frauen auf die Schippe genommen wird. Ich amüsiere mich immer sehr dabei, meine Kinder mittlerweile auch. Es ist eine Karikatur des Alltags, sie malt sich die Nägel an, telefoniert ständig mit den Freundinnen und ihrer Mutter, er macht nie sauber und guckt jeder Frau hinterher. Natürlich fährt sie ganz übel Auto, geht jeden Tag shoppen, und er reißt sexistische Witze. Aber die beiden Schauspieler Jean Dujardin und Alexandra Lamy sind unglaublich charmant, sodass das Ganze gar nicht banal, sondern sehr witzig ist.

Häufig gucke ich auch *Service après-vente* (Service nach dem Verkauf) auf Canal Plus. Dabei rufen sich zwei Komiker, Omar und Fred, gegenseitig an und erzählen sich Geschichten, die an die Tagesaktualität anknüpfen. Etwa zum Thema Arbeitslosigkeit: «Ich bin Forscher», sagt der eine. Fragt der andere: «In was denn?» Der erste darauf: «Arbeitssuchender.» Dabei wird mit dem Wort *chercheur* gespielt, was sowohl Forscher als auch Suchender bedeuten kann. Spitzfindige Wortspiele lieben die Franzosen, um die zu verstehen, muss man schon weit in die französische Sprache eingeweiht sein. Erstaunlicherweise laufen diese Sketche mitten in der News-Sendung *Le Grand Journal*, eine Mischung aus Tagesschau mit News und Satire, die auch Präsident Nicolas Sarkozy eifrig verfolgen soll, um immer auf dem Laufenden zu sein. Genau das macht Frankreich so heiter, man nimmt die News des Tages nicht immer bitterernst.

Reichlich oft gehen die Witze unter die Gürtellinie, wie ich auch schon bei meinen Freunden festgestellt habe. Wieder bei *Service après-vente*: Einer der beiden ruft an und klagt: «Ich suche *ma bite,* meinen Penis.» Er hält sich für Brad Pitt auf dem Filmfestival in Cannes. «Jetzt finde ich ihn nicht mehr. Können Sie mir helfen?» Daraufhin legt der Komiker auf der anderen Seite einfach wortlos auf. Das alles läuft am Abend zur besten Sendezeit zwischen 19 und 20 Uhr, wenn die Kinder einem gerade einen Gutenachtkuss geben.

Schmutzige Witze sind überhaupt sehr beliebt, die gehören zum guten Ton. Was Sie schon immer über Sex wissen wollten, erfahren Sie garantiert in Frankreich. Das verwundert mich jedes Mal wieder, weil es so gegen die sonstige französische Etikette der Diskretion zu verstoßen scheint. Doch an Widersprüche muss man sich hier eben gewöhnen. Bei meiner Freundin Charlotte saßen wir vor kurzem einmal in ihrem neuen trendigen Haus, in dem alles auf passive Energie umgestellt ist. Neben Erzählungen darüber, wie die Heizungsanlage funktioniert und wie wenig Energie das Haus verbraucht, deutete der Hausherr auf die phallischen Formen seiner neuen Heizungsrohre. Mitten auf dem Tisch, neben den Tomaten-Mozzarella-Spießen und Chips, lag auch ein Fußmassagegerät, über das Charlottes Mann Philippe anzüglich grinsend sagte: «Das ist nicht nur gut für die Fußmassage.» Egal in welchem Kreis, ob eher alternativ oder bürgerlich, diese Art von Witzen hört man häufig. Wahrscheinlich sind das sogar die liebsten *blagues*, die Lieblingswitze, der Franzosen. Sex ist immer wieder ein gefragtes Konversationsthema. Da können alle mitreden – denken jedenfalls die Franzosen. Nur ich war nicht so ganz mit dem Herzen dabei und sah wohl ziemlich verblüfft aus. Charlotte fing meinen überraschten Blick auf und rief mir zu: «Hab dich nicht so, sei doch nicht so spröde.» Mittlerweile bin ich daran gewöhnt. Aber ich meine, wer soll das verstehen? Bei Fragen nach dem Geld werden sie zickig, aber bei Erotik blühen sie so richtig auf, da ist alle Diskretion vergessen.

Gegen Ende des Abends kann es auch passieren, dass nur noch über Sex geredet wird. Und das scheint mächtig zu inspirieren. Ich habe es tatsächlich schon erlebt, dass dann einige fast alle Hüllen fallen lassen und mehr oder weniger nackt tanzten. Ich meine, stellen Sie sich das mal in einer bürgerlichen Vierzimmerwohnung in Deutschland vor, in der die Kinder im Nebenzimmer schlafen! Dabei hatte der Abend ganz seriös begonnen, mit einem dreigängigen Essen – wie es sich gehört. Doch beim Thema Sex drehen die Franzosen so richtig auf. Das Repertoire ist in der Hinsicht unerschöpflich. Eine Freundin von mir hat ihr Taschen-Atelier direkt neben einem noblen Swinger-Club. Wenn sie Cocktailabende in der Boutique macht, stehen alle den ganzen Abend vor dem Laden und sehen zu, welche Paare in den Club nebenan gehen. Da geht die Phantasie mit ihnen durch. Und glauben Sie jetzt bloß nicht, dass ich in einen Kreis von Sexfanatikern geraten wäre. Keineswegs, alles ganz «normale» Franzosen. Aber so ist das hier nun mal, geredet wird viel darüber. Anfangs war ich ziemlich irritiert über die französische Offenheit, wird bei uns über Sex doch eher hinter verschlossenen Türen gesprochen, auch wenn das Thema mittlerweile sogar in der Literatur salonfähig geworden ist. Damit hatte ich bei diesen perfekt organisierten und edlen Abendeinladungen nicht gerechnet. Eher war ich auf kulturelles Blabla eingestellt.

Und das beherrsche ich wie gesagt nach vielen Jahren in Frankreich, wo Konversation als Kunst gilt, doch ziemlich gut. Wie die Franzosen kann ich mittlerweile zu allem gewandt etwas sagen. Und es kommt mir auch nicht mehr so auf den Inhalt an. Egal ob der stimmt, Hauptsache, der Konversationsstil ist unterhaltsam. Schluss mit tiefgehenden Diskussionen. Die führe ich dann auf meinen Deutschlandbesuchen. So kann ich zum Thema Käse wie die Franzosen ganz locker in den Raum werfen: «Also, unser Käsehändler bekommt den Käse aus der Auvergne geliefert.» Wenn's um eine Ausstellung geht, sage ich Dinge wie: «Die Ausstellung im Grand Palais ist genial strukturiert.» Und zum Thema soziale Brennpunkte in Frankreich übertreibt man am besten, das lieben die revolutionären Franzosen. «Wir stehen kurz vor der sozialen Revolte», heißt der Standardspruch zum Thema Sozialpolitik. Das sorgt garantiert für angeregte Kommentare.

Man muss leicht über Philosophie, Kunst und Literatur, aber auch über Liebe und Leidenschaft plaudern können, habe ich gelernt. Bis vor kurzem durfte man an Frankreichs Esstischen über fast alles reden, nur nicht über Politik. Seit Sarkozy regiert, ist das anders, denn über ihn erzählt man sich heitere

Polit-Klatschgeschichten. Der Dauerbrenner am Dînertisch ist allerdings seit einiger Zeit die Krise. Gar nicht leicht, gar nicht heiter, geht es dann in der sonst so lockeren französischen Runde zu. Charlotte sagte kürzlich deshalb mal entnervt: «Der Nächste, der bei einem Essen bei mir das Thema Krise aufbringt, kann gleich nach Hause gehen.»

Eins finde ich beim französischen Parlieren mittlerweile aber ganz wunderbar. Als ungeduldiger Mensch hat man es gut in Frankreich, weil man sich nach Herzenslust ins Wort fallen kann. Wenn es langweilig wird, lasse ich jemand einfach nicht ausreden. Das gilt keineswegs als unhöflich, während man die Deutschen damit heftig verärgert. Da heißt es dann gleich: «Könntest du mich bitte ausreden lassen.» Und dann muss man sich die ganze Leier anhören, auch wenn es unerträglich ist. Unterbrechungen gehören in Frankreich zum guten Ton, Hauptsache geistreich. Das erleben die Franzosen Abend für Abend in ihren Unterhaltungsshows, in denen eine Anspielung die nächste aussticht. Dagegen sind die Gäste in deutschen Talkshows wirklich vergleichsweise brav und geduldig, sie warten, bis sie an der Reihe sind. In Frankreich ist niemand der Ansicht, dass es eine Diskussion stört, wenn man sich ins Wort fällt. Daran muss man sich als wohlerzogene Deutsche erst gewöhnen, ich empfand das anfangs als Beleidigung. Aber es gilt als spontan. Lieber etwas Aufruhr als vernünftige Diskussionen. Auch Politiker werden danach beurteilt, wie schlagfertig sie sind und wie einfallsreich sie reden. Alle sind überzeugt, dass man überhaupt nur auf Französisch derart geistreich sein kann. In den Zeitungen lese ich statt der nackten Info in den Schlagzeilen auch gern Wortspiele. So hieß es kürzlich über den Grünen-Politiker Daniel Cohn-Bendit, der hier im Trend ist: Dany Boom, abgeleitet von Erfolgsregisseur Dany Boon.

Weil sie ständig so bemüht sind, geistreich zu sein, sprechen viele Franzosen ungern andere Sprachen. Besonders Deutsch zu sprechen ist eine Zumutung für sie, davor fürchten sich alle. Die Deklinationen! Diese Endlossätze, bei denen man das Verb hinten und vorn suchen muss! Die Artikel! Selbst die Franzosen, die jahrelang Deutsch in der Schule hatten, können fast nichts sagen. Nach sieben Jahren sind nur ein paar Brocken hängengeblieben wie bei vielen meiner Freunde. Wenn ich sie mal auf Deutsch anspreche, laufen sie knallrot an wie die Tomaten und bekommen keinen Ton heraus. Wenn dann mal einer Deutsch spricht, klingt das in etwa so: «Isch warre mal in Münisch zu der Fête de la bière.» Oder wahlweise: «Isch abe mal Urlaube im Forêt-Noire gemacht.» Das ist unser Schwarzwald. Ab und zu mache ich mir mal den Spaß und bitte einen Franzosen schön schnell «Fischers Fritze fischt frische Fische» zu sprechen. Die sind immer ganz glücklich, weil das genau ihrem Klischee von der deutschen Sprache entspricht. Beinahe noch schöner finde ich den Zungenbrecher: «In Ulm und um Ulm und um Ulm herum.» Denn mit den deutschen Umlauten haben die Franzosen besonders viele Probleme, U wird zu Ü. So habe ich auch in seriösen Tageszeitungen etwa in *Le Figaro* Fehler wie «Grüner + Jahr» für den deutschen Verlag Gruner + Jahr entdeckt.

Widersprüchlicher geht es nicht: Warum Höflichkeit und Arroganz sich nicht ausschließen

*L*ange Zeit traute ich mich nicht, so dreist zu sein wie die Franzosen. Erst Charlotte weihte mich darin ein, wie man in Frankreich etwas erreicht. «Man muss Leute zur Schnecke machen», erklärte sie. Das heißt auf Französisch ganz vornehm *engueuller* (anfahren, anschreien, zusammenstauchen). Fürs

Miese-Stimmung-Verbreiten haben die Franzosen einen ausgesprochen großen Wortschatz, das reicht von *gronder* (ausschimpfen) bis zu *râler* (meckern, nörgeln). Nicht Höflichkeit und Lächeln sind hier gefragt. Im Gegenteil: immer schön meckern, wenn's einem nicht passt. Ich finde, das ist endlich mal etwas in Frankreich, wobei man sich nicht vorsehen muss! Meckern, das kann ich auch. Das habe ich mir abgeguckt, ebenso wie die extreme Höflichkeit der Franzosen, die aber ganz schnell in Gemeinheit umschlagen kann. Wenn ich also jetzt etwas erreichen will – etwa eine Ermäßigung meiner Stromrechnung –, dann bin ich erst extrem höflich, dann ziemlich unverschämt, und am Ende lasse ich das Ganze wieder mit einer höflichen Note ausklingen – natürlich nur, wenn ich mein Ziel erreicht habe. Oft ertappe ich mich überrascht dabei, dass ich mit flötendem Engelsstimmchen besonders hässliche Dinge von mir gebe.

Auf gute Manieren und Höflichkeit wird geachtet, das bedeutet aber nicht unbedingt nett zu sein. Wie schockiert war ich anfangs, dass ich ständig auf den winzigen Bürgersteigen oder der Metro angerempelt und geschubst wurde. Oft wurde erst gerempelt, danach kam das *Pardon*. Die Etikette muss gewahrt werden, dann darf man auch gern schubsen. Wer höflich ist, kann auch ruhig etwas rücksichtslos sein, lautet die Devise. Raffiniert, oder? Und wenn man Kritik äußert, sollte man sie ordentlich verpacken. Das war ich als geradeaus denkender Nordeuropäer so gar nicht gewöhnt. Wenn ich hier mal jemand auf die direkte deutsche Art kritisiere, dann zucken die gleich zusammen. Fragt mich jemand: «Wie findest du meinen neuen Freund?», sage ich glatt: «Ein bisschen zu steif vielleicht.» Oder: «Zu nett.» Ein Deutscher würde an der Offenheit nichts finden und vielleicht sogar darauf warten. Bloß keine Umschweife. Doch Franzosen kann man damit ziemlich verletzen. So eine Antwort würde denen nie einfallen. Nie! Bloß keine

Kritik, darauf könnte man festgelegt werden. In Frankreich tut man mit einer zu offenen Antwort niemand einen Gefallen. Lieber höflich ausweichend antworten. Etwa: «Sehr sympathisch, dein neuer Freund. Scheint ein interessanter Typ zu sein.» Interessant kann auch heißen: ganz schön anstrengend. Aber festgelegt habe ich mich damit nicht. Zu viel Höflichkeit wirkt auf uns steif und förmlich, aber andererseits könnten ein paar nette Floskeln unsere deutsche Ehrlichkeit und Offenheit auch etwas charmanter machen. Die Holzhammermethode ist nicht die eleganteste Art, habe ich hier gelernt und bin zum Verpackungskünstler geworden, wenn es nötig ist.

Als Deutsche, die ein klares Ja oder Nein vorzieht, ist man allerdings oft verwirrt. Bis man die Antwort versteht und die Nuancen herausliest, dauerte es einige Zeit. Gern wird sich über die Meinung des anderen lustig gemacht und dieses mit «*C'est cela*» (das ist richtig) kommentiert, was aber ironisch gemeint ist. Statt nein sagen die Franzosen lieber: «Sie haben ja recht, aber ...», oder: «Ja, wenn Sie wollen ...» Nur ein schlichtes Nein wäre unhöflich. Glauben Sie bloß nicht, dass Sie mit Ehrlichkeit weiterkommen. Das ist hier garantiert keine Tugend. Wer geradeaus seine Meinung herausschreit, fällt höchstens peinlich auf. Immer schön verpacken und verstecken. Das finden Sie jetzt unehrlich? Nur leider kommt es darauf wenig an. Künstlichkeit ist die wahre Kunst.

Allerdings, für das hier gängige Wechselbad der Gefühle, das Auf und Ab der Launen, braucht man wohl südländisches Temperament. So wünscht man sich ständig *bonne journée* (einen schönen Tag), *bonne fin de semaine*, (schönes Wochenende), *bonne continuation* (was so viel heißt wie, alles was nachher kommt, soll nett sein), *bon tennis* ... Häufig wird allerdings auch mit Schimpfwörtern um sich geworfen, wenn einem etwas nicht in den Kram passt. Da habe ich schon so einiges gehört: *con* oder *connard* (Idiot), *conne* (weiblich Idiot), oder *salope* (Schlampe), *ta gueule* (Schnauze), *casse-toi* (hau ab).

Franzosen rühmen sich häufig «*on est individualiste*», «wir sind Individualisten». *Tant pis* (egal), ob das auf Kosten anderer geht. Ja, sie sind wahnsinnig stolz darauf, Individualisten zu sein, für sie ist das Ehrensache, man hat eben Charakter. Und das bietet praktischerweise auch gleich die Rechtfertigung dafür, sich egoistisch vorzudrängen. Ich habe es eben eiliger als der andere, ich bin wichtiger. Anstellen ist nur was für Leute, die Zeit zu verlieren haben. Dabei ist plötzlich dann gar keine Höflichkeit mehr gefragt. Das sorgte anfangs bei mir ganz schön für Stress, man muss nämlich immer genau darauf achten, dass man nicht abgedrängt wird. Schaute ich mir beim Bäcker noch etwas die Auslage an und ließ, sagen wir mal, 50 Zentimeter zum Vordermann frei, konnte ich sicher sein, dass sich jemand in die Lücke drängte. Beim Autofahren ist es genauso. Da stehen überall Plakate auf den Autobahnen mit Warnungen: «Lassen Sie genügend Abstand zum Auto vor Ihnen.» Doch wenn man den lässt, schlängelt sich garantiert jemand da rein. Mittlerweile gibt es bei Postämtern und Behörden überall Absperrungen, damit man sich nicht mehr vordrängen kann. Aber bis die Leute sich dran gehalten haben, hat es gedauert. Es braucht nur einer zu kommen, der sich einfach wie früher anstellt, und alle machen mit.

Warum haben Franzosen immer recht und ich nie

*W*as mich aber bis heute ganz besonders irritiert: Franzosen scheinen immer recht zu haben. Dabei sind sie nicht rechthaberisch. Sie drehen das einfach nur so hin, dass sie nie unrecht oder Schuld haben, vom Politik- oder Wirtschaftsskandal bis zum vergessenen Lunch. Niemand würde je im Job einen Fehler eingestehen. Aus, Schluss, entehrt, bedeutet das. Im Umgang mit Deutschen kann man ruhig mal einen Fehler zugeben, das kann durchaus Stärke bedeuten, in Frankreich dagegen ist das ein Zeichen von Schwäche. Hier habe ich nicht wie bei uns oder in den USA gehört: Aus Fehlern lernt man. Nein. Es ist Ehrensache, nie Fehler zu machen – oder sie jedenfalls nicht an die große Glocke zu hängen. Deshalb wird gern auch die Wahrheit mal etwas verdreht oder positiv für sich selbst ausgelegt. Weil ich daran so gar nicht gewöhnt bin und immer lernte: «Lügen haben kurze Beine», ziehe ich durch meine Ehrlichkeit leider oft den Kürzeren und ernte verwunderte Blicke, wenn ich einen Fehler eingestehe.

Schon häufig habe ich erlebt, wie die Franzosen auch bei Kleinigkeiten nicht sagen wollen, dass es ihre Schuld ist. Zum Beispiel im Restaurant, wenn etwas vom Tisch fällt. Dort ist es häufig so eng, dass man kaum weiß, wie man sich durch die Tische durchzwängen soll. Kommt das Wasser, sucht man verzweifelt einen Platz dafür. Das Brot kann man auf dem Schoß behalten. Fällt etwas herunter, eine Glaskaraffe etwa, habe ich schon gehört, wie sich Franzosen nicht überschwenglich entschuldigen und gar die Scherben wegräumen, wie ich das wohl machen würde. Im Gegenteil, ich habe schon mehrmals beobachtet, dass sie den Kellner beschimpfen: «Wie kann man nur eine Glaskaraffe auf den Tischrand stellen?» Wie im Restaurant sind auch in der Metro die Abstände zum Nachbarn winzig. Mir trat mal jemand mit einer metallbeschlagenen Sohle auf meinen Zeh in Sandalen. Ich schrie vor Schmerz auf, doch er sah mich nur genervt an. Das passiert einem leider häufiger. Schuld hat immer der andere. Ich wartete auf ein *Pardon*, doch das kam nicht. Sicherlich hatte ich meinen Fuß falsch hingestellt, wie dumm von mir.

Das Nationalheiligtum – die französische Sprache und Kultur

«Ohne das Abenteuer von Babel hätte die ganze Welt Französisch gesprochen», schrieb schon 1767 Voltaire in *L' Ingénu* (Der Freimütige) und nahm damit die Selbstgefälligkeit seiner Landsleute auf die Schippe. Der Dünkel hat sich bis heute gehalten, und das bekam ich als Nichtfranzösin zu spüren. Die französische Sprache ist ein nationales Heiligtum. Verehrt, gehätschelt und gepflegt. Manche Franzosen sind immer noch der Meinung, dass die Diplomatensprache Französisch sein sollte wie im 17. und 18. Jahrhundert. Bei der EU und internationalen Organisationen achten sie penibel darauf, dass das Französische nicht zu kurz kommt. Leider spricht es kaum jemand außer den Franzosen wirklich gut, weshalb dann doch alle ins Englische verfallen. Ex-Präsident Jacques Chirac hat sich bei einem EU-Gipfel mal so darüber aufgeregt, dass sogar Franzosen der Einfachheit halber Englisch sprechen, dass er das Treffen wutschnaubend verlassen hat. Das ist französische Diplomatie.

Um die französische Sprache zu schützen, gibt es die *Académie Française* mit ihren 40 Unsterblichen. Alle wissen, dass man in Frankreich – Französisch spricht. Und dennoch, rein sicherheitshalber, haben es die Gesetzesväter 1992 nochmal bestätigt: «Die Sprache der Republik ist Französisch.» Was sollte man sonst auch sprechen, Swahili oder gar Deutsch? Nee, aber zur Sicherheit musste man das nochmal klarstellen. Damit auch niemand auf die Idee kommt, es könnte gar Englisch sein. Ich finde es ganz erstaunlich, welche Angst die Franzosen vor der Übermacht des Englischen haben. Anglizismen häufen sich auch im Französischen. Das konnte man sich nicht bieten lassen. Deshalb wurde 1994 schnell ein Gesetz geschaffen, das als «Loi Toubon» in die Geschichte einging, benannt nach dem damaligen Kulturminister Jacques Toubon. Verpackungen und Werbung sollten in Zukunft französisch sein. Man versuchte auch englische Begriffe durch französische zu ersetzen. Behauptet hat sich davon allerdings nur *ordinateur* für Computer. Niemand hat je *baladeur* für Walkman gesagt. Auch *gomme à mâcher* für Chewing-Gum war nicht gerade ein Renner. Englische Ausdrücke sind nach wie vor im Trend. Es heißt: *le look* oder *le weekend*. Auch wenn der Erfolg des Loi Toubon mäßig war, hat es im Gegensatz zu Deutschland doch den Anglizismen etwas Einhalt geboten. Die vehemente Sprachpflege und der Stolz auf die eigene Sprache verhindern allerdings leider oft, dass man sich mit Franzosen anders als auf Französisch unterhalten kann. Warum Englisch sprechen, sollen alle Touristen doch Französisch reden.

Nicht nur die französische Sprache, sondern die ganze Kultur ist schützenswert. Weshalb man natürlich das französische Kino und die französische Kultur überhaupt vor der Übermacht aus dem wilden Westen und der drohenden Amerikanisierung bewahren muss. *L'exception culturelle*, die kulturelle Ausnahme, bezeichnet die Überlegenheit der eigenen Kulturprodukte. Die französische Kultur wird besonders unterstützt, das betrifft Filme und Musik. Die französische Filmindustrie wird gehätschelt, unter anderem mit Quoten im Fernsehen. In der Musik ist es nicht anders, die französischen Sender haben seit 1994 gesetzlich vorgegebene Quoten. Sie müssen 40 Prozent französische Musik spielen. Die Franzosen singen im Gegensatz zu den Deutschen, die Englisch vorziehen, schon immer lieber in ihrer Muttersprache, und das wird dadurch noch gefördert.

KAPITEL 8

Lagerfeld und die Mode à la française – ich werde in die Geheimnisse des Dresscodes eingeweiht

Begegnung mit der Französin

*I*hr Ruf eilt ihnen voraus. Sie gelten als die aufregendsten Geschöpfe der Welt. Sie sind schlank, haben das gewisse Etwas, dieses *Je ne sais quoi*. Sie machen Karriere, haben mindestens zwei glückliche Kinder, sehen immer klasse aus und zaubern schnell nochmal eben ein Drei-Gänge-Menu. Dazu haben sie einen Geliebten, der an den jungen Alain Delon erinnert. Und auch mit 50 gehen sie durchaus noch für 30 durch. Klar, das waren alles Klischees über die Französinnen, die ich im Kopf hatte, als ich nach Paris kam. Ich gebe zu, ich registrierte immer wieder genüsslich, wenn das Erlebte meiner Vorstellung entsprach.

Ich beoachtete die Frauen gerade in der ersten Zeit in Paris ehrfürchtig – und fühlte mich wie eine hässliche Kröte neben lauter Prinzessinnen. Plump und schlecht angezogen ohnehin. Es führte kein Weg drum herum: Ich musste hinter das Geheimnis kommen. Ob ich es wohl schaffte, mir diese unbekannte Damenwelt zu erobern? Natürlich hätte ich mir sagen können: «Das ist mir doch egal. Es kommt auf die inneren Werte an.» Dann hätte ich mich einfach irgendwie anziehen können. Aufgefallen wäre ich damit sicher.

Bevor ich nach Paris kam, hatte ich mir über mein Aussehen und meine Kleidung herzlich wenig Gedanken gemacht. Elegant oder sexy sah ich nie aus, irgendwie erschreckend normal. Und damit passte ich in Frankreich nicht richtig ins Bild. Einmal, ziemlich am Anfang, als wir bei Freunden von Charlotte und Julie eingeladen waren, war das besonders peinlich. Die Frauen trugen alle Pumps und ein kleines Schwarzes, die Männer doch tatsächlich Anzug. Dabei war es nicht etwa eine Hochzeit, sondern nur eine Abendeinladung. Ich dagegen hatte von französischen Kleidungscodes damals noch nicht die geringste Ahnung und hatte mich zur Abwechslung mal aufgebrezelt. Ich trug einen schillernden amerikanischen Designer-Blazer und eine goldene Kette. Julie flüsterte mir zu: «Nimm wenigstens deine Kette ab, damit es nicht so sehr nach Weihnachtsbaum aussieht.» Meine Freundin ist eben immer für eine Stillektion gut, und für den einen oder anderen Tipp war ich schon dankbar. Ich schlich in eine Ecke und ließ die Kette dezent in meine Tasche verschwinden. Uff, schon besser.

Egal, was ich anfangs aus dem Schrank holte oder sogar neu kaufte, es sah irgendwie nie so nonchalant wie bei den Französinnen aus. Nirgendwo anders hatte ich jemals eine solche Konkurrenz unter Frauen gespürt. In Frankreich kämpft jede für sich – mit den Waffen einer Frau. Die Kleidung meiner Konkurrenz hatte einen Hauch von Leichtigkeit, das macht ihren Charme aus, ihre *allure*. So als ob sie morgens einfach schnell in den Kleiderschrank gegriffen und sich eine Kleinigkeit übergeworfen haben. Weil darin viele nette Teile hängen, passt alles irgendwie zusammen. Nie sind sie 100-prozentig durchgestylt, und trotzdem sehen sie perfekt aus. Nie würden die Französinnen zwei Stunden morgens vor dem Kleiderschrank stehen. Dafür hat jedenfalls Charlotte auch gar keine Zeit, weil sie noch schnell die Kinder abliefern muss. Und schon gar nicht würde sie sich abends alles zurechtlegen und nochmal überbügeln. Bei ihr passen auch nie Schuhe und Tasche zusammen oder Lidschatten und Fingernägel. Eins fehlt allerdings selten beim Outfit: das kleine Röckchen. Hier tragen viel mehr Frauen einen Rock, weil das weiblich aussieht. «Warum ziehst du nur Hosen an?», hat mich Charlotte schon oft gefragt. Tja, weil das so praktisch ist, schätze ich mal. Da muss ich mir keine Gedanken machen, ob ich wohl noch eine Strumpfhose ohne Laufmaschen im Schrank finde. Sehen Sie sich doch mal die Französinnen an! Ständig Laufmaschen im Strumpf. Oft sind auch Flecken auf dem Mantel, oder der Rock ist schlecht gebügelt. Aber das macht ihnen nichts aus. Nie sehen sie so übertrieben ordentlich aus wie wir deutschen Frauen, wenn wir uns in Schale werfen. Sie haben eher was von: Hallo, ich bin gerade aufgestanden. Vielleicht ist das die wahre Nonchalance?

Zickenalarm in Paris – als hässliches Entlein bei den Modenschauen in Paris

Mode ist überhaupt eines der wichtigsten Themen in Frankreich und schon gar in Paris. Über kaum etwas wird – neben Sex und Essen versteht sich – so viel geredet. Den besten Einblick, was das angeht, bekam ich bei den Modenschauen, bei der Haute Couture und dem Prêt-à-porter. Viermal im Jahr rollt die Modehorde aus aller Welt in Paris an und sorgt eine Woche für Wirbel. 2000 Journalisten, Modekritiker und Einkäufer rasen durch die ganze Stadt von Schau zu Schau – und ich mittendrin. Wenn man weniger privilegiert ist als ich, dann jagt man mit der Metro durch Paris – das machen die meisten. Nur Auserwählte der ganz großen Modemagazine leisten sich einen Chauffeur. Das müssen sie auch, denn mit ihren überdimensional hohen Absätzen (Minimum zwölf Zentimeter) können sie gerade mal vom Taxi zur nächsten Schau stolzieren.

Nirgendwo habe ich so gut verstanden, worauf es in der Mode ankommt, warum der Mantel überm Knie und nicht unterm Knie endet, warum Pink nicht gleich Fuchsia ist und noch so allerhand mehr. Als ich in meinem ersten Jahr in Paris zum ersten Mal in die Welt der Mode eintauchte, fühlte ich mich wie jemand, der Zara in einem Chanel-Laden trägt, ständig völlig underdressed.

So stand ich vor meiner ersten Modenschau vor meinem Kleiderschrank und dachte voller Panik: «Ich habe nichts anzuziehen.» Also was Schwarzes: Schwarz ist immer gut. Schlichter schwarzer Blazer, schwarzer Rock und dann noch ein paar elegante Schuhe, das müsste schon stimmen. Schwarz, das trugen alle, hatte ich mir sagen lassen. Doch Schwarz ist nicht gleich Schwarz, musste ich leider feststellen, als ich bei der Schau ankam. Mein schwarzer Look sah eher so aus, als ob ich gleich auf die Bilanzpressekonferenz eines Unternehmens gehen würde. Die anderen dagegen trugen Nachtblau, Schwarz mit Straußenfedern, transparentes Schwarz oder Rüschen. Und nicht immer nur Schwarz. Es war dezent mit Beige, Grau, Silber oder Lila gemischt. Aber auch in Schwarz sahen sie kreativ aus: ein Plissee-Designerkleid, ein gesmokter Mantel, endlos hohe Highheels.

Doch gleich sollte ich in den Modeolymp eingeführt werden, und das lenkte mich glücklicherweise von meinem Look ab. Ich nahm lieber die anderen unter die Lupe. Es gab massig zu sehen. Das restliche Modevolk hatte wochenlang vorher mit den Outfits zugebracht. Da entdeckte ich auch schon Julie. Sie sah einfach hinreißend aus. Ihre Haare hatte sie neu zum Bob gezähmt, sie trug einen beigen flauschigen Mantel, ein schwarzes Seidenkleid, dazu schrille Lacksandalen mit ganz vielen Schnallen – und das mitten im Winter. «*Salut chérie*», rief sie mir zu und musterte mein Outfit. «Zeig mal, was hast du an? Alle achten nur darauf, was man trägt», sagte sie. «Und egal, was man anzieht, man hat immer das Gefühl, dass etwas nicht stimmt. Aber mach dir nichts draus, dich kennt ja hier noch keiner.» Wie beruhigend, wenn das schon Julie so ging …

Mittlerweile habe ich allerdings schon mehr als 15 Jahre Modenschauen hinter mir und lasse mich durch nichts mehr einschüchtern. Klar, kenne ich alle Geheimnisse der Modewelt. Es ist fast wie am roten Teppich bei den Oscars in Hollywood oder dem Filmfestival in Cannes. Der Modemarathon beginnt immer mit Dior, und Dior-Designer John Galliano geht wohl gern zelten. Jedenfalls findet die Dior-Schau oft in einem Zelt in den Tuilerien statt. Tausende von Schaulustigen warten schon Stunden vorher. Sie wollen einen Blick auf die Stars und die schrillen Modeleute erhaschen. Was ich da alles schon gesehen habe! Einen Typen im eleganten blauen Trench, dazu trug er Schlafanzug und rote Lackschuhe. Eine Frau ganz in Lila gekleidet, passend zu einem Mann mit lila Perücke, der aussah, als hätte er zwei blaue Augen. Die waren allerdings nur angemalt. Dann gab es noch die Stelzenschuh-Frau auf 20 Zentimeter hohen Holzpantinen und so allerhand Schuhwerk, bei dem ich mich fragte, wie die Trägerinnen es über den Lehmboden der Tuilerien schaffen.

Wichtig sind die verrückten Leute allerdings nur selten. Die ganz Wichtigen bevorzugen es diskret und vom Feinsten. Daneben war ich das Aschenputtel. Aber war es nicht Aschenputtel, das sich den Prinzen angelt? Gelästert wird ständig: «Hast du die schon gesehen, ihr Mantel ist so was von *last season*.» Oder: «Hallo, Süße, was hast du (Betonung auf dem du) denn an?» Übersetzt heißt das: «Wo hast du das Ding bloß aufgegabelt?» Wenn man vor einer Schau von jungen Japanern fotografiert wird, weiß man, dass man mit seinem Look richtig liegt.

Wenn sie einen bitten, doch mal schnell zur Seite zu rücken, damit sie die Frau neben einem aufnehmen können, tja, dann hat man mal wieder danebengegriffen.

Es dreht sich alles um die Frage: Wer trägt was, und wer sitzt in der ersten Reihe? Besonders im Rampenlicht steht natürlich die erste Reihe, in der sitzt nur, was Rang und Namen hat, die Chefinnen der Frauenzeitschriften, die großen Einkäufer und natürlich die Stars. Ihr Outfit ist mindestens ebenso wichtig wie die Mode auf den Laufstegen. Was die legendäre Anna Wintour, Chefredakteurin der US-*Vogue* und verewigt in dem Film *Der Teufel trägt Prada* anhat, imitieren am nächsten Tag garantiert ein Dutzend andere. Besonders amüsant ist die Aufteilung der Länder in Blocks. Die Deutschen sitzen oft neben den Japanern, und sie bekommen immer weniger Plätze, weil Luxus in Deutschland nicht so gut läuft wie anderswo. Dafür nehmen immer mehr Chinesen und Russen unsere alten Plätze ein. Der größte Block sind die Französinnen. Strenge Luxusmodediktate wie bei den Deutschen (sprich: nimm Prada oder Escada) sind bei den Französinnen nicht gefragt. Sie tragen, was ihnen gefällt, Design mit günstigen Marken gemischt. Eine Französin rief ihrer Kollegin gerade zu: «*Chérie*, woher hast du die großartigen Schuhe?» Die sagte: «Aus einem Laden auf der Rue Rivoli, ganz günstig, aber nicht verraten.»

Kurze Zeit später gingen bei Dior endlich die Lichter aus, und die Models spazierten durch ein goldenes Barocktor. Schrille überdimensionale Hüte, Models in unendlichen Kleiderlagen mit seltsamen Zipfeln oder auch mal fast nackt nur im Badeanzug. Ich sah schon die Schlagzeilen in Deutschland vor mir: «Und wer soll das tragen?» Doch der Blick auf den Gesichtern der Modetruppe war leicht zu deuten: unbedingt haben wollen! Immer mal wieder flüsterte eine ganz bewegt: «Genial», oder: «Er hat sich wieder selbst übertroffen.» Mit ER meinten sie

John Galliano, der sich nach der Show gern auch mal selbst inszeniert, wahlweise als Pirat oder Gentleman.

Schon vor Ende der Schau wurde es ganz unruhig. Man griff sich die Mäntel und Taschen, und einige rasten schon raus, als ob irgendwo ein Dior-Kleid zu gewinnen wäre. Die Modeleute hatten es eilig, schnell zur nächsten Schau, zur nächsten Sensation zu kommen. Auf dem Weg hörte ich einige Wortfetzen. «Wie fandest du es?», fragte eine Modekritikerin die nächste. Darauf sagte die nur: «Sehr dramatisch.» Eine andere: «Unterhaltsam!» Julie erzählte mir: «Niemand wagt ein richtiges Urteil abzugeben, bevor nicht die Modepäpstinnen, die großen Modekritikerinnen wie Suzy Menkes von der *International Herald Tribune*, gesprochen haben. Man könnte sich ja blamieren.» Suzy Menkes ist die Dame in der ersten Reihe mit dem dunklen Pagenschnitt und der aufgetürmten Haartolle, die mich immer ein wenig an eine Klorolle erinnert. Vor ihr zittern die Designer, weil sie kein Blatt vor den Mund nimmt und mitunter eine Schau völlig zerreißt.

Vielleicht hatten viele der anderen Modedamen auch gar nicht so richtig hingesehen. Sie schienen mehr von den Stars in der ersten Reihe fasziniert zu sein, auf die sich die Fotografen stürzten. Prominente wie Kylie Minogue, Cate Blanchett oder Salma Hayek sind die eigentlichen Hingucker, für die Models interessiert man sich heute kaum noch. Auch die Kleider scheinen oft nur eine nette Nebensache zu sein. Die Mode vom Laufsteg konnte ich mir ohnehin nicht auf der Straße vorstellen, nicht einmal in der Modestadt Paris. Egal, tragbar muss das auch nicht sein, nur auffallen. In den Läden sieht das alles ganz anders aus, das ganze Drumherum muss man sich wegdenken. Mit den Jahren habe ich das gelernt und erkenne das perfekte Kleid, auch wenn es unterm Fallschirmmantel versteckt ist.

Nach einer Schau erwischte ich kürzlich mal backstage den

wichtigsten Mann der Luxusmode in Paris, Bernard Arnault, Herrscher über die Luxusgruppe LVMH (Moët Hennessy Louis Vuitton), zu der auch Dior gehört. «Bonjour, Monsieur Arnault, was macht den Stil der Französin aus?», fragte ich den Mann, der dafür bekannt ist, die großen Design-Talente der Luxusindustrie aufzuspüren. Darauf erwiderte Arnault, ohne eine Sekunde zu zögern: «Eleganz und Freiheit. Sich frei nach ihrem Geschmack anzuziehen, so zu handeln, wie sie es sich wünscht.»

Auf der Spur nach dem französischen Stil habe ich dann Carine Roitfeld, die extravagante Chefredakteurin der französischen *Vogue*, befragt. Die sagte zwischen zwei Schauen zu mir: «Die Französin hat Stil, weil sie sich nicht zu sehr bemüht. Sie folgt auch keinem Modediktat.» Natürlich stellt sich in Frankreich niemand die Frage, ob die Französinnen wirklich Stil haben. Das ist einfach Tatsache, so wie die Erde rund ist. Ja, die Französinnen sind mächtig von sich überzeugt, was uns andere Frauen natürlich ziemlich ärgert. Ich bin mir sicher, Stil hat etwas mit Selbstbewusstsein zu tun. Wenn man sich toll findet, dann wirkt man auch besser. So einfach ist das.

Besonders gut amüsiere ich mich immer bei Chanel. Da hält «Karl», wie ihn alle nennen, Hof. Gemeint ist der aus Hamburg stammende Designer Karl Lagerfeld. Am besten hat mir in all den Jahren eine Scheunenschau bei ihm gefallen, und das ist noch gar nicht so lange her. Überall lag Heu, und es roch nach Pferdestall. Zum Schluss landeten die Models im Heuhaufen. Das findet das Modevolk lustig. Nette Kleidchen haben wir schließlich schon 1000-mal gesehen. Bei Karl Lagerfeld läuft auch oft Claudia Schiffer im Publikum auf, im Minikleid scheint sie nicht älter zu werden. Beide habe ich gefragt, was den Stil der Französin ausmacht. Die müssen es schließlich wissen. Für Claudia Schiffer hat sie «das gewisse Etwas». Mmm, das wusste ich auch schon davor. Karl Lagerfeld ist überzeugt: «Die Französin hat eine lange Modetradition hinter sich, die ist deshalb stilsicher und heute auch noch modern und international dazu.» Fragen wir doch mal anders. «Was macht die stilvolle Frau aus, welche Teile braucht sie unbedingt, Herr Lagerfeld?» Lagerfeld drehte an seinen Silberringen, zupfte an seiner Kette mit einem Glückstein aus Brasilien und antwortete: «Eine Frau braucht eine weiße Bluse und einen schwarzen Rock, um elegant auszusehen.» Leider stelle ich mich selbst mit weißer Bluse und schwarzem Rock total spießig vor. Bei ihm auf dem Laufsteg sieht das allerdings wirklich elegant aus.

Seit ich in Paris bin, habe ich fast nie eine Chanel-Schau verpasst. Lagerfeld ist wie ein Popstar, ein begnadeter Entertainer, er liebt das Scheinwerferlicht. Wenn er nach den Schauen Hof hält, prügeln wir Journalisten und Fotografen uns fast, um zum Meister zu kommen. Wie aus der Pistole geschossen spricht er im Stakkato. Eine Antwort schlagfertiger als die andere. Sein bestes Kunstwerk ist er selbst. Nur wer es schafft, ohne Pause zu reden, findet seine Gnade. Sonst schaut er gelangweilt zur Seite. Oft hat er mir im Gespräch etwas ins Ohr geflüstert, dann wurde ich nachher immer von mindestens zehn Kollegen gefragt: «Und, was hat er gesagt?»

Wenn er eins hasst, ist es Langeweile. Er macht, was ihm Spaß macht, und erzählt skurrile Dinge wie: «Meine Wäsche schmeiß ich nach dem ersten Tragen weg.» Oder auch: «Ich interessiere mich nur für mich selbst und mein Spiegelbild.» Er liebt auch Anspielungen. Fragt man ihn, warum er immer so bleich ist, heißt es: «Ich habe mit 35 aufgehört, in die Sonne zu gehen. Die anderen, die in der Sonne blieben, sehen heute aus wie Krokodile.» Wir durften uns ausmalen, wen er damit meinte, und ließen einfach mal die Laufstege Revue passieren. So geht es immer bei seinen Schauen, sein Repertoire der amüsanten Sprüche ist unerschöpflich. Aber das ist nicht alles. Wenn ich die großen Défilés wie Chanel, Dior oder Louis Vuitton gesehen habe, weiß ich garantiert immer, was in der kommenden Saison Trend wird. Zeigen zwei von ihnen Minirock, kommen wir nicht ohne Minirock aus. Sehe ich mehrmals Asienlook, lohnt sich die Anschaffung.

Le Look – ich gehe shoppen

*D*ie französische Schriftstellerin Françoise Sagan sagte mal: «Ein Kleid ist sinnlos, wenn es Männer nicht dazu inspiriert, es auszuziehen.» Wenn das so einfach wäre … Etwas komplizierter ist der Dresscode der Französinnen sicherlich – auch wenn es letztendlich auf diese schlichte Formel hinauslaufen mag.

Eins ist mir in Paris gleich aufgefallen. In der Metro und auf den Straßen sind die Farben durchweg eher dezent. Sehe ich jemand in einer knallroten Windjacke oder lila Hose, ist das im seltensten Fall eine Französin. Machen Sie den Metro-Kleidercheck mal in Deutschland, England oder den USA! Wettergerechte Kleidung gibt es in Frankreich auch viel weniger. Parka oder regenfeste Jacke? Bloß nicht. Zu plump und zu wenig weiblich. Was mich an meinen Freundinnen immer besonders verwundert, ist, dass der Sommer kleidungstechnisch zwölf Monate zu dauern scheint. Pumps ohne Strümpfe, Spitzentops und luftige Kleidchen unterm Wollmantel sind auch im Winter gefragt. Wer schön sein will, muss leiden. Ich natürlich nicht, sobald der Wind so richtig durch die Straßen fegt und man nicht mehr auf der Terrasse im Café sitzen kann, hole ich meinen Wintermantel samt gefütterten Stiefeln heraus. Die scheinen hier völlig kälteunempfindlich zu sein, dabei bin ich doch die, die aus dem Norden kommt. Sobald die ersten Sonnenstrahlen im Frühling die Straßen von Paris ein wenig erwärmen, sitzen alle sofort wieder in den Straßencafés und tragen weit ausgeschnittene T-Shirts mit einer kleinen Strickjacke.

Wenn der Frühling kommt, sind alle meine Freundinnen besonders verrückt aufs Shopping. Dann putzen die sich wie die Tiere nach dem Winterschlaf. Das war für mich die beste Gelegenheit, alles über den Dresscode der Französinnen zu erfahren. Charlotte und Julie hatten meinen Look schon häufiger misstrauisch gemustert, also wurde es Zeit: Ich traf mich mit den beiden zum Shoppen. Ich hatte natürlich bequeme Laufschuhe an. Julie trug die neuesten Fransenstiefel, und Charlotte stöckelte in Pumps. Damit würde ich im Leben nicht einkaufen gehen. Ständig warteten wir auf Charlotte. Aber eins muss man ihr lassen: Sie hielt stundenlang durch.

Beim Einkaufen mit den beiden darf ich nicht zimperlich sein. Sie schmeicheln mir nicht und kommen immer auf den Punkt. So sagte Charlotte zu mir, als ich einen Rock mit passender Bluse in dezenten Beigetönen für den Job kaufen wollte: «Das geht gar nicht, die Farben passen zu gut zusammen.» Jetzt verstand ich gar nichts mehr: «Aber es soll doch dezent sein.» Charlotte dazu: «Aber nicht *ringard*» (doch nicht spießig). Verdammt, jetzt war es schon wieder passiert. Ich war in ein Fettnäpfchen getreten. Ich hatte einfach nicht *le look*, wie die Französinnen sagen. Aber diese feinen Stilnuancen, die soll erst mal jemand verstehen. Charlotte arbeitet als Unternehmensberaterin in einer Männerdomäne. In ihrem Team gibt es nur eine andere Frau, die Sekretärin. Deshalb würde sie sich noch längst nicht an den Männerlook anpassen. «Schwarzes Kostüm, wie langweilig», stöhnt sie. Von den klassischen Business-Regeln wie – der Ausschnitt nicht zu tief, der Rock nicht kürzer als eine Handbreit über dem Knie, Schmuck dezent, oder die Tasche sollte zu den Schuhen passen – hält sie überhaupt nichts. Und ihre Haare bindet sie sich auch nicht zusammen oder schneidet sie gar zum Pagenkopf, um seriöser zu wirken.

Obwohl ich schon ein oder zwei Jahre in Paris war, als wir das erste Mal zusammen einkaufen gingen, hatte ich mich noch nie in eine Luxusboutique gewagt. Wie soll man da nur heil rein- und wieder herauskommen? Ich wollte es ganz genau und exklusiv erleben. Mensch, war ich gespannt. In der Avenue Montaigne, der Luxusstraße direkt neben den Champs-Élysées, wo einst auch Marlene Dietrich wohnte, führte unser Weg zu Dior. Alles ist in elegantem Grau gehalten, der traditionellen Dior-Farbe. Die Schleifen und Satindekorationen wirken gleichzeitig altmodisch und dekadent. Die Schritte versinken in weichen Teppichen. Nur wer entsprechend angezogen ist oder zumindest eine Designertasche dabeihat, fühlt sich hier wohl. Die Türschwelle zu überqueren erfordert wirklich Mut. Dann war alles gar nicht so schlimm, und ich wagte sogar einige Kleider anzuziehen. Vielleicht lag das an Julie und Charlotte, sie probierten bei Dior so unbekümmert an, als wären sie bei H&M. Selbstverliebt drehten sie sich vor dem Spiegel. Ähnlich wie bei Dior ist es bei Chanel in der Rue Cambon. Gediegener geht es gar nicht mehr, nur dass die Farbe hier nicht Grau, sondern Beige ist. Jetzt weiß ich auch, woher die Französinnen ihre Lieblingstöne haben! Dior und Chanel sind die beiden wichtigen Farbreferenzen der französischen Mode.

Den besten Einblick in die Pariser Welt bekam ich aber bei Bon Marché. In dem Luxuskaufhaus im alten Künstlerviertel Saint-Germain-des-Prés bekommt man einfach alles, was die echte Französin braucht, von Designerroben über die letzten Schuhmodelle bis zu Parfums.

Julie kaufte sich ein kleines Schwarzes. Das wievielte, weiß ich nicht mehr. Ich habe aufgegeben zu zählen. Aber das passt hier immer, bei Abendeinladungen, im Theater oder der Oper. Es ist ein Klassiker so wie schwarze Mäntel, Kaschmir-Pullover und perfekt sitzende Jeans. Julie hat natürlich auch einige originelle Kleider für Einladungen zu Vernissagen oder Partys in Cannes. Charlotte dagegen liebt es schlicht und kauft stattdessen Accessoires, Gürtel, Ketten und Schals in Massen. Nur eins verbindet die beiden: Sie folgen nicht blind dem Trend und kleiden sich nicht von Kopf bis Fuß in Luxus. Ich verließ den Laden vollbeladen mit kleinen schwarzen Teilen und Accessoires.

Nach der Kleidung brauchte ich auch noch Schuhe. Schon lange träumte ich von einem dieser sündhaft teuren Paare von Christian Louboutin. Man erkennt sie an der roten Sohle. Als Schuhfan Sarah Jessica Parker eine Episode von *Sex and the City* in Paris drehte, trug sie natürlich auch Louboutins. Und als Carla Bruni zum Staatsbesuch nach Spanien fuhr, verriet sie die rote Sohle. Aber in Paris gibt es natürlich auch viele andere trendige Läden wie Rodolphe Menudier oder Michel Perry. Ich bin ohnehin im Vorteil, mit Größe 39 hat man hier schon Riesenfüße, weshalb ich bei den *Soldes*, dem französischen Schlussverkauf, immer Glück habe. Mit nicht einmal zehn Paar Schuhen bin ich nach Paris gekommen, heute besitze ich mindestens 50 Paar. Mit dem Schuhkaufen ist das in Frankreich aber so eine Sache. Kundenservice sucht man oft vergeblich, dafür gibt es Kundenabschreckservice. Häufig ist es mir passiert, dass ich in den Schuhladen ging und nach dem dritten Schuhanprobieren die Verkäuferin schon eine Sauertopfmiene aufsetzte. Fehlte nur noch, dass sie sagte: «Jetzt reicht's aber.»

Vor allem die echte Pariserin schwört aber auch beim Shoppen auf Vitamin B. Das französische Fashion-Victim tauscht

mit ihren Freundinnen die Einladungen zu Presse- und Privatverkäufen aus, das nennt sich hier *trouver des combines* oder
astuces (Tricks finden). Heute kaufe ich immer seltener ganz
normal im Geschäft ein, sondern kenne allerhand Tricks. Bei
den Privatverkäufen der Designer bekommt man die Kleidung
manchmal für ein Zehntel von dem, was sie im Geschäft kostet.
Hier werden die Kollektionen der letzten Jahre an die Modefans
verscherbelt.

Die Schönen, Reichen und die mit den strategischen Kon-
takten in der Luxusindustrie reißen sich um die besten Teile.
Neulich war ich mal bei dem Verkauf von Isabel Marant, eine
in Frankreich sehr trendige Marke. Ich war mit Charlotte extra schon zwei Stunden vor der Öffnung um zehn Uhr auf-
getaucht, und doch waren wir längst nicht die Ersten. Egal ob
es regnet oder schneit, die Fashion-Horde wartet geduldig auf
Einlass. Das ist die beste Stilkunde der Welt. Die Frauen tragen
alle Schuhe, die man unbedingt selbst haben will, ausgefallene
Schals, originell geschnittene Mäntel, und das alles in höchst
dezenten Farben. Wenn's dann reingeht ins Shopping-Paradies, schnappen sich alle riesige Tüten und reißen so schnell
wie möglich so viel wie möglich von den Stangen. Ich fühlte
mich hier wie ein Kind in einem riesigen Bonbonladen. Dann
drängen sie sich vor den wenigen Spiegeln, Kabinen gibt es gar
nicht, und stehen plötzlich nur noch in den Dessous da.

Die Luxusstücke wurden wild angezogen, das ein oder andere Teil zerriss in Stücke. Was nicht gefiel, landete einfach
auf dem Boden. Glamourös ist das gewiss nicht. Immer wieder
stritten sich die Frauen um ein Kleid. «Das ist meins», schrie
die eine. «Ich habe das zuerst gesehen», kreischte die andere.
Mir wurden auch einige Kleider einfach aus der Hand gerissen.
Es geht zu wie auf einem Bazar. Aber ich hatte oft Glück und
habe einige richtig gute Designerteile zum Schnäppchenpreis

gefunden. Besonders begehrt sind natürlich die Einladungen der großen Häuser wie Chanel, Ungaro und Louis Vuitton, an die kommt man allerdings nur, wenn man persönlich angerufen wird und mit Personalausweis. Die trendigen wie Isabel Marant oder Claudie Pierlot sind leichter zu haben, über Freundinnen, und man braucht auch keinen Ausweis vorzuzeigen. Auch als ich mich in der Modewelt noch nicht so auskannte, habe ich ab und zu mal eine Einladung ergattert. Einige Modefans machen zehn oder mehr Ausverkäufe in der Saison und rennen dann immer mit vollen Tüten aus dem Laden. Ob sie das alles jemals tragen? Das habe ich mich oft gefragt. Ich jedenfalls habe längst nicht alles angezogen, was ich da so eilig zusammengerafft und gekauft habe. Egal, man kann es ja auch wieder verkaufen, weshalb man auf den *vide-greniers*, den kleineren Flohmärkten oder genauer gesagt, den sogenannten «Dachbodenausleerungen», in vielen Pariser Vierteln auch oft günstig an Designersachen kommt. Und wie gesagt, vielfach sind sie nagelneu. Markenkleidung habe ich auch oft billig auf den Wochenmärkten zwischen Fleisch und Gemüse gefunden.

Trotz aller Shopping-Gelegenheiten hat mich eins verwundert: Die Französinnen wirken immer so schick und haben doch einen winzigen Kleiderschrank, viel übersichtlicher als die Schrankwände meiner deutschen Freundinnen. Als Charlotte in ihre neue Wohnung einzog und mich herumführte, hatte der Kleiderschrank noch keine Tür. Ich war ganz erschüttert. Darin befand sich schätzungsweise gerade mal die Hälfte meines Kleiderschranks. Das hat mich so irritiert, dass ich dem Geheimnis auf den Grund gehen wollte. Einige Freundinnen haben mich einen Blick in ihre Schränke werfen lassen.

Inside – der Kleiderschrank der Französinnen

Ich fand erstaunlich wenig Hosen, meist Röcke. Der Rock endet eine Handbreit über dem Knie und ist eher schlicht. Aber auch Miniröcke sind erlaubt. Wenig gesehen habe ich weite unförmige Blumenröcke.

Wie bei Julie hingen überall ziemlich viele kleine Schwarze.

Accessoires in Massen, Gürtel, Ketten und Schals, lockern die Basics auf.

Sie hatten fast alle die gleichen Basics im Schrank: schwarzer Mantel, Trenchcoat, Kaschmirpullover in dezenten Farben, schwarze Hosen, perfekt geschnittene Jeans und dazu viele Lingerie-Tops.

Der Schrank war immer eine Mischung aus einigen wirklich edlen Teilen und günstigen Labels. Beides wird gemischt, damit es nicht zu perfekt durchgestylt wirkt.

Was ich in den Schränken fand, war eigentlich eher schlicht. Zu viel Bling-Bling und ostentativer Glamour ist nicht gefragt.

Unförmige Kleidung im Ökostil habe ich nicht in einem einzigen Kleiderschrank entdeckt!

Schrille Farben sind die Ausnahmen im Kleiderschrank. Schwarz, Grau, Blau, Beige und Pastelltöne sind beliebt.

Ich entdeckte erstaunlich wenige Trendteile. Mal eins hier oder da, aber nie die ganze Trendpalette einer Saison. Strenge Modediktate sind eben nicht gefragt. Jede schien sich aus den Modezeitschriften herauszusuchen, was zu ihr am besten passt.

Ich sah auch keine Schuhe und Taschen, die perfekt zusammenpassen.

Mein Fazit nach der Kleiderschrankbesichtigung: wenig schrill und kreativ, aber eben edel und weiblich. Den Stil muss man mögen. Auf die Dauer kann das ganz schön langweilig werden. Der Vorteil: Weil alles irgendwie zusammenpasst, geht es mit dem Anziehen ruck, zuck.

... und der Franzosen

Ab und zu durfte ich dabei auch mal einen Blick in den Schrank daneben werfen. Und glauben Sie jetzt bloß nicht, dass der französische Mann wie der letzte Schlunz rumlaufen darf. Was da so hing, war meist edel oder klassisch und manchmal sportlich. Auch für ihn gibt es Kleidungscodes. Die wichtigsten:

Jede Art von buntgemusterten Baumwollspielhosen, lang oder kurz, war unauffindbar.

Es gab nur selten kurze Hosen, eher Bermudas.

Jeans und dunkle Hosen hingen da, außerdem graue oder olivgraue Baumwollhosen. Nichts in Bordeauxrot oder Senfgelb.

Wenig buntgemusterte Hemden gehören zur Garderobe, eher einfarbige Modelle.

Ich fand doch tatsächlich keine weißen T-Shirts. Achten Sie mal darauf, der Franzose trägt nichts unter dem Hemd, ganz bestimmt nicht ein weißes T-Shirt, das oben herausguckt. Das scheint so eine deutsche Spezialität zu sein. Um die Hemden nicht so oft waschen und bügeln zu müssen? Die meisten meiner deutschen Bekannten, die hier mit den weißen T-Shirts anreisten, hatten dieses wenig ansprechende Stück unter dem Hemd nach ganz kurzer Zeit abgelegt.

Auch weiße Tennissocken habe ich kaum gesichtet (höchstens mal das eine oder andere Paar für den Sport) – ebenso keine bequemen Ledersandalen.

> Ich suchte nach Blousons, Sie wissen schon, nach denen mit dem Bündchen, die den Bauch so gut verbergen. Fehlanzeige! Stattdessen Jacketts, Wollmäntel, Lederjacken und mal eine Outdoor-Sportjacke.

Lingerie – ein Restposten Strapse

W enn Unterwäsche Lingerie oder Dessous heißt, muss sie natürlich etwas hermachen. Die Französin ist Lingerie-Fan, und sie hat auch absolut nichts gegen Strapse. Ich habe keine einzige deutsche Freundin, die Strapse besitzt. Dafür viele französische Freundinnen, die sie auch ab und an anziehen. Ich sehe schon die Phantasie durchgehen! Doch jetzt sollte man nicht glauben, dass die Französin ständig mit Minirock und Strapsen herumläuft. So ist das nun auch wieder nicht. Aber viele tragen sie, zumindest ganz ab und zu bei speziellen Gelegenheiten. Sie gelten immer noch als eines der verführerischsten Kleidungsstücke in Frankreich. Sie sind der Inbegriff der Erotik und Extragavanz und vermutlich das Kleidungsstück, an dem sich die Geister der Deutschen und Franzosen scheiden. «Nie würde ich so ein Ding anziehen, ich bin doch kein Sexobjekt», sagte Nina entsetzt, als ich sie nach Strapsen befragte. Julie und Charlotte dagegen waren sich einig: «Warum nicht, das ist verführerisch.» Sexappeal gegen Natürlichkeit also. Ich wollte der Sache aber richtig auf den Grund gehen und habe deshalb mal eine Umfrage unter meinen französischen Freundinnen gestartet, wer sie wirklich trägt. Überraschung! Ich habe zahlreiche gefunden, die noch NIE in ihrem Leben welche anhatten. Zu unbequem, zu albern, zu altmodisch fanden sie das. Womit mein französisches Strapsklischee zerstört wurde. Ich bin auch nicht gerade Strapsfan, trotz Jahren in Frankreich. Einmal blieb ein Restposten Strapse von einem Foto-Shooting bei uns im Büro über. Ich nahm den Karton mit nach Hause und probierte sie an – höchst unbequem. Deshalb schleppte ich den Karton mitsamt allen Strapsen auf den nächsten Flohmarkt und stellte sie neben das Kinderspielzeug, das ich auch loswerden wollte. Sie können sich gar nicht vorstellen, wie schnell mir die Dinger aus der Hand gerissen wurden. Da erfüllte sich so manch ein französischer Strapstraum. Strapse für die Mutti, die Barbie für die Tochter.

Nun gut, auch wenn ich die Strapse gern den Französinnen überlasse, heißt das noch lange nicht, dass man ständig seine alte Oma-Unterwäsche auftragen muss, nur weil die so herrlich bequem ist. Denn Paris ist wirklich ein Lingerie-Paradies. An jeder Ecke hängt eine Reklame für Unterwäsche, kaum ein Viertel kommt ohne Lingerie-Boutique aus. Es gibt fast so viele davon wie Bäckereien. Und wenn ich auf die Wochenmärkte gehe, stehen die größten Schlangen immer vor den Ständen mit der Lingerie.

Laut der «Féderation française de la lingerie», dem französischen Lingerie-Verband, geben die Französinnen in ihrem Etat für Bekleidung 19 Prozent für Lingerie aus. Im Durchschnitt kauft eine Französin mehr als zwei BHs und etwas mehr als fünf Slips pro Jahr. Die 25- bis 34-Jährigen geben rund 115 Euro pro Jahr dafür aus, die 35- bis 44-Jährigen 103 Euro. Im Europavergleich liegen die Französinnen mit einem Durchschnittsbudget von 101 Euro an zweiter Stelle hinter den Engländerinnen und vor den Italienerinnen und Spanierinnen. Die Deutschen kommen mit nur 64 Euro im Jahr auf Platz fünf. Aber die Zahlen sagen noch längst nicht alles. Was gekauft wird, ist natürlich ein Riesenunterschied. Wo anders als in Frankreich würde man auch 100 oder gar 200 Euro für einen einzigen winzigen Spitzen-BH ausgeben?

Ich ließ mich deshalb von Julie durch die Lingerie-Paradiese in Paris führen. Sie erzählte: «Sportliche Unterwäsche ist etwas für den Sport. Außerdem würden wir nie Lingerie tragen, die nicht zusammenpasst.» Keine Französin langt morgens mal eben halb verschlafen in ihren Schrank und zieht einen beigen Slip zu einem grauen BH heraus – man kann schließlich nie wissen, was einem an dem Tag noch so zustößt. Es ist für eine Französin schlimmer, keine Kombiwäsche zu tragen, als morgens zu spät zur Arbeit zu kommen. Ebenso undenkbar ist es, eine Unterhose von H&M unter einem Designerrock zu tragen. «Auch wenn es niemand sieht, das ist eine ganz persönliche Stilfrage», sagte Julie und nahm mich mit zu Fifi Chachnils Boutique in der Nähe des Louvre, die so aussieht wie ein Boudoir. Hier gibt es Baby Dolls, Strapse und allerhand andere Lingerie für Frauen, die auf französisch-feminines Frou-Frou stehen. Die Kundinnen sind allerdings sehr unterschiedlich, Kate Moss, Madonna, Vanessa Paradis und Charlotte Gainsbourg. Die Designerin selbst wirkt wie eine moderne Märchenfee.

Aber ich ging auch zu Sabbia Rosa, die so etwas wie die Lingerie-Göttin von Paris ist. Sie könnte alles über Weltstars ausplaudern, ihre Starliste ist mindestens ebenso lang wie Fifis. Der Shop von Sabbia Rosa in der Rue des Saints-Pères erinnert mich mit ihren Pastelltönen an die Makronen von Ladurée. Zum Anbeißen ist das alles, und das ist vermutlich auch Sinn der Sache. Die Besitzerin selbst ist schon Großmutter, trägt aber zu Jeans immer eines ihrer verführerischen Lingerie-Tops. Bei Sabbia Rosa also fragte ich mich, ob sie wohl wusste, dass ich an dem Tag bequeme schwarze Gap-Unterwäsche ohne die kleinste Spitze trug. Jemand wie sie muss so etwas einfach ahnen. Sabbia erzählte mir: «Schöne Unterwäsche bringt Selbstvertrauen.» Logisch, dass man dafür die Kleinigkeit von 250 oder 300 Euro pro Teil ausgibt.

Im Kaufhaus Galeries Lafayette am Boulevard Haussmann liegt noch so ein Dessous-Paradies, angeblich die «größte Lingerie-Abteilung der Welt». Auf fast 3000 Quadratmetern, so weit das Auge reicht, nur BHs und Slips, fast 100 Marken von Aubade bis zu Chantal Thomass, schön geordnet nach Themen – von Luxus bis Rotlichtbezirk. Wo soll man da anfangen? Ich meine, da muss man doch eine Vorstellung haben davon, was man eigentlich kaufen will. Ich fühlte mich inmitten der Slips und Strapse ungefähr so verloren, wie an meinem ersten Tag in der Universität. Ich stellte mir belustigt vor, wie ein Mann hier Unterwäsche für seine Geliebte aussucht. Nach stundenlanger Suche, denn hier kann man echt seine Tage vertrödeln, ging ich in die Umkleide. Die Kabinen, dezent in Weiß und Puderrosa gehalten, sind ganz unglaublich. Über den Lichtschalter in der Kabine kann man selbst das Licht von «Tag» auf «Nacht» dämpfen und sich dabei vorstellen, wie man sich abends vor seinem Lover auszieht. Der vom Shopping erschöpfte Monsieur kann in der Mitte der Kabinen auf einem rosa Sofa warten. Französischer geht es wohl kaum.

Beauté und der Cremetick

Als ich mal bei Charlotte ins Badezimmer ging, traf mich der Schlag. Da sah es tatsächlich so aus wie im Parfumladen. Und für alles gab es eine Creme. Für die Augenfalten, den Hals, die Hände, den Ausschnitt, die zarten Füße, fürs Lifting und zum Abnehmen. Ich staunte nicht schlecht. Schon bevor ich nach Paris kam, hatte ich die schlichte blaue Niveadose nicht mehr für das Nonplusultra der Hautpflege gehalten. Aber was da herumstand! Ein Cremedieb würde locker auf ein paar Tausender kommen. Besessen wird gecremt und gepeelt, um schön zu bleiben. In Paris und den großen Städten geben die Frauen zehn Prozent ihres Einkommens für Schönheitsprodukte aus, allen voran Parfums und Pflegeprodukte für die Haut. Dagegen scheint Zähneputzen immer noch so etwas wie Luxus zu sein. Es werden nur 0,8 Zahnbürsten pro Kopf und Jahr in Frankreich verbraucht.

Dafür sind die Finger- und Fußnägel perfekt maniküt bzw. pediküt. Sogar wenn die Frauen den Abfall herausbringen, sind die Lippen perfekt geschminkt, man weiß ja nie, wer einem da so über den Weg läuft. Und wenn sie ihre Kinder aus der Schule abholen, sehen sie aus, als würden sie zum Rendezvous gehen. Manchmal möchte ich denen zurufen: «Hey, seid doch mal ein bisschen locker.» Ständig sieht man sie irgendwo ins Schaufenster blicken und ihr Aussehen überprüfen. Ich dagegen habe gelernt, dass Eitelkeit keine Tugend ist, und blicke schnell zur Seite. So einfach kann man aus seiner Haut eben doch nicht heraus.

An jeder Ecke gibt's hier einen Schönheitssalon, ein *Institut de Beauté*. Wohl zweimal im Monat gehen die Französinnen da hin. Sonst könnten die Läden gar nicht alle überleben. Meine Nachbarinnen sehe ich im Sommer ständig mit roten Fußnägeln. Keine würde jemals auf die Idee kommen, sie selbst zu lackieren. Logisch, dass jede Art von sichtbaren Körperhaaren entfernt werden muss. Das sieht einfach besser aus. Schon mit elf oder zwölf Jahren fangen hier viele Mädchen an, sich die Beine zu rasieren. Eines der beliebtesten Geburtstagsgeschenke in Frankreich ist übrigens ein Gutschein für eine Schönheitsbehandlung.

Bevor ich in die französische Kosmetik eingeweiht wurde, fand ich, dass man sich gut mit kaltem Wasser das Gesicht reinigen konnte, wenn man kein Make-up trug. Als ich das meiner Kosmetikerin erzählte – so eine suche ich tatsächlich von Zeit zu Zeit mal auf, seit ich in Frankreich lebe –, war die ganz schockiert: «*Ma belle*», ermahnte sie mich. «Das Wasser ist viel zu kalkhaltig. Einmal die Woche solltest du ein Peeling machen und eine Reinigungslotion mindestens einmal am Tag benutzen. Sonst siehst du bald so runzelig aus wie deine Großmutter.» Das saß. Zugegeben, mein Badezimmer ist heute voller als früher. Was da alles drinsteht, benutze ich aber sicherlich weniger häufig als die Französinnen. Oft fehlt mir die Zeit oder die Lust.

Die Französinnen nehmen sich den Ausspruch von Modeschöpferin Coco Chanel wohl etwas zu sehr zu Herzen: «Niemand ist nach 40 Jahren jung, aber man kann in jedem Alter unwiderstehlich sein.» Um die Haare in Form zu halten, gehen meine Freundinnen häufig auch zum sogenannten Brushing zum Friseur. «Die Franzosen würden eher einen Seitensprung vergeben als einen schlechten Haarschnitt», schreibt die in Südfrankreich lebende Engländerin Helena Frith Powell in ihrem Buch *Two lipsticks and a lover* (Arrow Books, Random House Group 2007). Präsentation ist einfach alles.

Ich habe mir so einige Schönheitstipps abgesehen, vor allem wie man geschminkt aussieht wie ungeschminkt – nur eben besser. Denn aufgedonnert sind die Französinnen bei aller Pflege nicht, sondern sie schwören auf ein strahlend natürliches Aussehen. Charlotte und Julies Lieblingsthema sind die Spas, die Wellness-Zentren in Paris. Die Französinnen setzen zur Erhaltung der ewigen Schönheit auf Cremes, Antistresskuren und höchstens noch auf Botox, weniger auf Schönheitschirurgie. Das erzählte mir mal Dr. Jean-Louis Sebagh, Pariser Schönheitschirurg der Prominenten, zu dessen Kunden angeblich auch Madonna gehört.

Es kommt übrigens nicht so sehr auf das makellose Ganze an wie auf das besondere Detail. Auf einer Reportage für eine

Frauen-Rallye durch die Wüste von Marokko reiste ich vor einigen Jahren mit einer französischen Journalistin einer großen Frauenzeitschrift. Mir fiel auf, wie sie die Frauen musterte und jeweils ein Detail hervorhob. Die perfekten Augenbrauen oder den gut geschwungenen Mund. Zu mir sagte sie: «Etwas zu schlicht, dein Outfit.» Ich trug ein schwarzes T-Shirt und ganz normale schwarze Shorts, keinerlei Schmuck. Diskrete Wüstenkleidung eben, während die Französin in Designershorts herumlief und ein Ethnotuch um die Haare geschlungen hatte. «Außerdem solltest du etwas an deinem Gang ändern.» Wieder sah ich sie fragend an. «Der ist einfach zu jung für dein Alter.» Bei der Reise war ich etwa 35. Wie bitte soll man mit 35 laufen? «Zappel nicht so, etwas mehr Würde, und halte dich gerade», gab sie mir als Tipp. Ich fing langsam an, etwas ärgerlich zu werden. Was maßte die sich eigentlich an? Dann fügte sie auch noch zweideutig hinzu: «Passt aber irgendwie zu dir.» War das jetzt ein Kompliment? Wollte sie mir damit sagen, wie unglaublich dynamisch ich bin oder was sonst? Weil aber eine Französin ein Gespräch nicht gern negativ ausklingen lässt, sondern allzu gern einen positiven Eindruck hinterlässt, schmeichelte sie mir am Ende: «Aber deine Augenwimpern sind okay. Sind die echt?» Das war also mein Detail. Na bitte.

Mit Stilettos und Minirock am Herd

*D*ie Französinnen akzeptieren sich selbst einfach besser als wir Deutschen, ist mir in meiner Zeit in Frankreich klargeworden. Wenn etwas nicht so stimmt, die Beine zu kurz oder der Hintern zu dick, dann wird das einfach kunstvoll kaschiert, während wir in Deutschland ständig dagegen ankämpfen und nur noch den Makel sehen, statt unsere Vorteile zu betonen.

Französinnen glauben einfach, dass sie schön sind, auch wenn sie es nur durchschnittlich sind. Bescheidenheit? Die geht ihnen in der Hinsicht völlig ab.

Aber, schrecklich finde ich es, wie perfekt die hier wirken. Ich würde gern mal schlechtgekämmte Haare sehen oder kurzgeschnittene Fingernägel. Können die sich denn nie entspannen? Lassen die sich nie mal gehen? Was muss man nicht alles tun, um immer toll auszusehen und den Männern zu gefallen. Wer hat schon Lust, mit Stöckelschuhen und Minirock am Herd zu stehen? Klar doch, dass Pumps und Mini ganz nach dem Geschmack der Männer sind. Aber, mal ganz ehrlich, ich habe es gern auch mal entspannt und nicht immer nur spannend. Nicht mal zu Hause darf man es sich gemütlich machen. Glauben Sie bloß nicht, dass eine echte Französin jemals eine Jogginghose zu Hause tragen würde. Niemals! So lässt die sich nicht gehen. *Mon Dieu* – wie anstrengend. Natürlich gibt es auch ab und zu Ausnahmen …

Die Frauen wirken hier viel mehr auf den schönen Schein bedacht und nie so richtig locker. Es könnte ja eine andere kommen, die den Mann wegschnappt. Die stilvolle Inszenierung verkauft sich auch gut in der Politik. Sind deshalb alle französischen Politikerinnen so attraktiv? Fast schockierend finde ich das. Wo sind die hässlichen, werden die versteckt? Doch wenn ich Julie und Charlotte frage, ob sie das nicht seltsam finden, sagen die nur: «Das ist doch gar nicht wichtig, es interessiert mehr, welche Politik sie machen.» Ich frage mich dennoch, ob Schönheit in Frankreich eine Vorbedingung für Erfolg ist? Als Sarkozy zu seinem ersten Empfang zur Queen nach England fuhr, hatte er Frankreichs charmante und schöne Ministerinnen dabei. Die englische *Daily Mail* bejubelte «Sarkos Sirenen» als glamourös. Die Zeitung lobte die Roben in den höchsten Tönen und stellte die eigenen Politikerinnen gegenüber. Die ehemalige französische Justizministerin Rachida Dati ließ sich sogar mal in Dior-Robe von Zeitschriften fotografieren, und auch Präsidentengattin Carla Bruni macht etwas her. Wer könnte sich in Deutschland vorstellen, dass Claudia Schiffer oder Heidi Klum sich einen Kanzler angeln?

Einen großen Teil des Stils *à la française* habe ich mir über die Jahre in mühevoller Arbeit angeeignet.

Was hat sich also für mich verändert und was nicht? Ich bin immer noch dunkelhaarig, keine Strähnchenbrünette oder Blondine wie so viele hier. Ich greife zu Make-up – aber nur, wenn ich es muss. Meine Augenbrauen sind schmaler als vorher, und ich trage außer zum Sport nie grelle Farben. Doch nach Jahren in Frankreich hält ab und zu mal wieder der alte Schlendrian Einzug. Dann laufe ich wieder in Turnschuhen herum, denn Stöckelschuh-Französin zu sein, ist auf die Dauer einfach verdammt ermüdend. Vielleicht hat es auch etwas damit zu tun, dass ich meinen Stil gefunden habe, und der ist eben nicht so elegant wie der einer Französin. In Deutschland allerdings bescheinigen mir trotzdem alle, dass ich irgendwie französisch aussehe.

KAPITEL 9

Meine Uhr tickt anders

Nur keine Eile – Zeitgefühl in Frankreich

Vor der chronischen Unpünktlichkeit der Franzosen hatten mich viele natürlich schon gewarnt, als ich nach Frankreich ging. Also war ich auf einiges gefasst, auch auf Wartezeit. Ich kannte Julie noch nicht lange, als sie mich auf eine Vernissage im Centre Pompidou einlud. «Das ist DIE Vernissage des Jahres. Wir müssen unbedingt pünktlich sein, sonst kommen wir vielleicht nicht mehr rein», warnte sie mich vorher eindringlich. Ich kam pünktlich um 18 Uhr wie vereinbart. Ehrensache! Ich wollte sie nicht warten lassen und natürlich unbedingt die Ausstellung sehen. Es war ziemlich kalt und zugig auf dem großen Platz vor dem Museum, ich stand da im dünnen Cocktailkleid unter dem leichten Abendmantel und fror. Eine Viertelstunde später war Julie immer noch nicht in Sicht. Ich machte mir langsam Sorgen, ob sie überhaupt noch kam, und damals hatte ich noch kein Handy, um sie anzurufen. Sie hatte DIE Vernissage des Jahres doch wohl nicht vergessen? Ob ihr etwas dazwischengekommen war?

In der Zwischenzeit sah ich halbherzig den Clowns und anderen Straßenkünstlern auf dem Platz zu und wurde zunehmend ungeduldig. 18.20 Uhr, immer noch keine Julie in Sicht. Um kurz vor halb sieben kam sie endlich angeschlendert und begrüßte mich ganz lässig: «Bist du schon lange da?» Sie konnte sich doch tatsächlich gar nicht vorstellen, dass ich pünktlich auf die Minute um 18 Uhr schon eingetroffen war. *Incroyable*, unglaublich, fand sie die Pünktlichkeit. «So früh fängt das

doch ohnehin nie an. Haben die die Tür überhaupt schon geöffnet?» Ich konnte nur staunen. Wirklich peinlich schien ihr
die Verspätung nicht zu sein. Sie verstand auch nicht, dass ich
ziemlich verärgert war. «Sei doch etwas locker», sagte sie dann
nur und lachte mich an. «Komm, wir gehen jetzt erst mal einen
Champagner trinken, und die Häppchen sollen hier auch gött-
lich sein.» Ich konnte gar nicht fassen, wie leicht sie darüber
hinwegging. Ich hätte mich sicher 100-mal entschuldigt. Als
wir die Rolltreppe mit Blick über Paris hochfuhren, hatte ich
die Wartezeit aber fast schon wieder vergessen.

Das war meine erste Berührung mit dem französischen
Zeitgefühl, doch es kamen durchaus noch mehr Gelegenheiten. Dazu muss ich gestehen, dass ich eher ein überpünktlicher
Mensch bin. Ich warte gerne auf Bahnhöfen und Flughäfen,
statt mich abzuhetzen. Ich bin richtiggehend froh über die zusätzlichen Kontrollen an Flughäfen seit einiger Zeit, so lohnt
es sich wenigstens, rechtzeitig zu kommen. Ich kalkuliere
jede nur denkbare Panne mit ein. Oft komme ich auch zu Ver-
abredungen zu früh, nur um nicht zu spät zu sein, und streiche
dann noch ein wenig durchs Viertel, um nicht zu dämlich her-
umzustehen. Mir sind Leute verhasst, die sich an meinen Beinen vorbei zu spät ins Kino oder Theater quetschen. Für mich
bedeutet Pünktlichkeit Höflichkeit, so etwas wie Respekt. Zumindest war das so, bis ich nach Frankreich kam.

Wenn ich mit Julie oder anderen französischen Freunden
essen gehe, kommt kaum einer unter einer Viertelstunde Verspätung ins Restaurant. Ihre Armbanduhren scheinen nur
Schmuckstücke zu sein, wenn sie überhaupt eine tragen. «Ich
musste noch einen Anruf erledigen», sagt Julie häufig zu mir.
Nein, dieser Anruf konnte absolut nicht warten. Ich dagegen
wohl. Oft gibt es gar keine Entschuldigung, Charlotte ist dabei nicht viel besser als Julie. Sie hat einen Chef, der sie selt-

samerweise immer wieder vor der Mittagspause aufhält. Meine Freunde nehmen offenbar an, dass ich im Restaurant ganz gemütlich sitze und die Zeit wie im Flug vergeht. Da kommt es doch wohl nicht so auf die Minute an, oder? Doch ich habe nicht zwei Stunden Mittagspause wie die Franzosen und unendlich viel Zeit zu vertrödeln. Außerdem ist mir nichts mehr verhasst, als mit leerem Magen zu warten. Das sorgt zusätzlich für schlechte Laune. Allein deshalb beeilen sich meine Freundinnen, die das genau wissen, heute etwas. Es kommt auch vor, dass Julie mich anruft, wenn sie schon längst zu spät ist – nur um zu sagen, dass sie noch später kommt, weil entweder die Metro bestreikt wird oder der Absatz des Schuhs gerade abgebrochen ist. Wenn sie anruft, weiß ich, dass sie mindestens eine halbe Stunde verspätet ist. Meldet sie sich nicht, kommt sie meist eine Viertelstunde zu spät. Das hatte ich ziemlich schnell raus. Und nicht nur Julie funktioniert so, sondern auch viele meiner anderen französischen Freunde. Ihre Uhren ticken einfach anders als meine. Aber eigentlich sind sie ganz berechenbar.

In Frankreich wird meine Geduld immer wieder mächtig auf die Probe gestellt. Eilig darf ich es hier nicht haben. «*Attendez*», warten Sie, heißt eins der Lieblingsworte beim Arzt oder Behörden. Und dann sitze ich stundenlang und warte. Oder ich verlasse mich darauf, dass ein Laden morgens oder gar nach der Mittagspause pünktlich öffnet. Wie oft stand ich vor der Tür meiner Schlachterei, weil die Schlachtersfrau noch ein Nickerchen nach dem Essen gemacht hat. Statt um 15.30 Uhr öffnete sie erst wieder um 15.45 Uhr. *Tant pis*, wurstegal. Aber was will ich auch schon erwarten in einem Land, in dem nicht einmal die Fernsehnachrichten pünktlich anfangen. Da gibt es keine Stoppuhr vor den Nachrichten wie in Deutschland. Hier beginnen sie, wenn die Sendung vorher endet. Gern auch mal mit einer Minute Verspätung – oder wenn's passt, eben etwas früher, sodass ich, wenn ich pünktlich den Fernseher anschalte, oft den Anfang gerade verpasst habe. Pünktlichkeit? Das ist nur was für Pedanten. Doch diese Leichtigkeit und Unbekümmertheit, die ich in meiner Freizeit durchaus erfrischend finde, geht mir im Pariser Alltag bis heute oft auf die Nerven. Versteht sich von selbst, dass beliebte deutsche Ausdrücke wie ruckizucki, zackzack, aber dalli, auf Vordermann bringen oder schnell Klarschiff machen in Frankreich alle unbekannt sind! Überrascht war ich daher, dass es den Franzosen durchaus gelingt, im Urlaub pünktlich zu sein. Beim Skikurs in den Alpen trafen sie sogar schon manchmal vor mir ein. Reine Notwendigkeit, denn der Lehrer wollte nicht auf sie warten.

Doch im Alltag fängt das schon morgens mit dem anderen Zeitgefühl an. Ich kenne in Deutschland viele Familien, in denen alle um sechs Uhr aufstehen, zur Arbeit und zur Schule eilen. In Frankreich, stellte ich schnell fest, lagen um die Zeit die meisten noch in ihren Betten. Fuhr ich morgens um 7.30 Uhr mit der Metro zur Arbeit und nahm die tagsüber ständig überfüllte Linie 1, die vorbei am Louvre, den Tuilerien und den Champs-Élysées zum Geschäftszentrum La Défense fährt, bekam ich fast immer einen Sitzplatz. Während bei uns in Deutschland morgens um sieben oder acht die U-Bahnen knallvoll sind, herrscht hier noch gähnende Leere. Erst gegen neun Uhr geht es so richtig los, dann wenn die meisten Deutschen schon eine Stunde arbeiten. Auch die Schule fängt erst um 8.30 Uhr an. Ganz gelassen wird der Tag vertrödelt, dachte ich mir oft. Dieser lockere Umgang mit Zeit machte mich anfangs ganz verrückt. Was hätte man nicht alles schaffen können! Ich lernte deshalb, die Wartezeit sinnvoll zu nutzen. Ich gehe nie mehr zu einer Verabredung ohne eine Zeitung oder ein Buch in der Tasche. Seitdem ärgere ich mich etwas weniger über Verspätungen, und das tut meiner Beziehung zu Franzosen verdammt gut.

Doch mir fiel es jahrelang schwer mich umzustellen, weniger auf die Uhr zu achten und mehr *à la française* in den Tag hineinzuleben – und offenbar nicht nur mir. Raten Sie mal, welche Modenschau in Paris immer auf die Minute pünktlich die Türen öffnet und wer dann garantiert davorsteht: Die Schau des deutschen Designers Karl Lagerfeld, der schon seit fast einem halben Jahrhundert in Paris ist. Und wen treffe ich immer pünktlich vor der Tür? Natürlich meine deutschen Kolleginnen. Und die meisten leben auch schon seit Jahren in Paris. Ja, wir sind pünktlich! Auf die Minute, als ob uns jemand dafür auszeichnen würde. Es gibt Dinge, die gewöhnt man sich einfach nicht ab. Die anderen Schauen dagegen haben immer ewig lange Verspätung, und die Gäste müssen oft draußen im Regen auf Einlass warten. Die Kleider sind noch nicht da, die Models verspätet, die Frisuren sitzen noch nicht, der Make-up-Künstler hat verschlafen. Irgendeinen Grund für die Verzögerung gibt es immer. So lange warten wir eben, beobachten das schrille Publikum und klatschen zwischendurch über dies und das. Hat doch auch seinen Charme? Wäre da nicht der Redaktionsschluss meiner Zeitungen, die auf einen Artikel warten.

Klar, dass ich nicht nur privat, sondern auch im Job als Journalistin hier nach allen Erfahrungen auf keine zeitliche Zusage vertraue, schon gar nicht von Behörden oder Pressestellen. Die lassen sich ohnehin nicht gern festlegen. Wird mir eine Information für «heute» versprochen, erhalte ich sie mit etwas Glück spätabends. Oder auch gar nicht. In dem Fall ist der Gesprächspartner meist gerade in einer *réunion*, einer Besprechung, die sich durchaus auch ein paar Tage hinziehen kann. Wird mir im Juni versprochen, «nach den Sommerferien», kann es glatt Dezember werden. Manchmal war ich richtig überrascht, wenn ich tatsächlich eine Antwort bekam und dann auch noch von einer wichtigen Stelle, wie dem Pressesprecher von Nicolas Sarkozy, bei dem ich ein Interview mit dem Präsidenten höchstpersönlich angefragt hatte. Die Antwort fiel leider negativ aus, für Sarkozy und auch für seine Frau Carla Bruni, trotzdem war ich ganz glücklich, wenigstens hatte er mir geantwortet.

Denn sonst ist das mit der Zuverlässigkeit so eine Sache, damit wird ähnlich locker umgegangen wie mit der Zeit. Julies Lieblingsausdruck lautet wohl: *on verra.* (Das werden wir sehen.) Bloß nicht festlegen! Immer schön mysteriös bleiben. Die nonchalante Einstellung meiner Freundinnen zu Uhrzeit und Terminabsprachen bringt ständig meine Planung durcheinander, was mich nach Jahren in Frankreich immer noch ziemlich aufregt. Julie entscheidet sich gern erst kurz vorher, ob sie zu einer Boutiqueneröffnung oder Abendeinladung gehen will. Manchmal sagte sie mir auch in letzter Minute ab, wenn ich schon den Babysitter organisiert habe. Sie hat plötzlich keine Lust mehr oder ein verlockenderes Abendangebot. Manchmal ruft sie mich erst an, wenn der Babysitter schon bei mir ist und ich gerade los will.

Lange konnte ich mir auch nicht vorstellen, dass jemand eine Essenseinladung einfach vergisst. Einmal ist es mir vor einigen Jahren sogar passiert, dass ich gekocht hatte und überhaupt keiner kam. Dabei waren sechs Gäste eingeladen. Ich hatte alle eine Woche vorher angerufen, und sie hatten fest zugesagt. Wie konnten die das nur alle vergessen? Das war vielleicht ein Ärger, ich allein mit meinem großen Schweinebraten! Daran hatte ich eine Woche zu knabbern und das nicht nur am Braten. Und dann auch das noch: Es war ganz allein mein Fehler, erfuhr ich, als ich die Gäste fragte, warum sie nicht gekommen sind. Die waren ganz verwundert und sagten: «Du hast das Abendessen doch gar nicht mehr bestätigt. Ich dachte, daraus wird nichts mehr.» Ich hätte das einen Tag vorher oder spätestens am selben Tag bestätigen sollen. Das ist mir dann natürlich nie wieder passiert.

Heute weiß ich: Plane ich ein Essen, kann ich mich keineswegs darauf verlassen, dass die Gäste sich den Tag und die Uhrzeit gemerkt haben. Besonders wenn ich ein paar Wochen vorher einlade. So was wie eine Agenda, schriftlich oder elektronisch, scheinen nur wir Deutschen zu besitzen. Die Agenda der Franzosen befindet sich im Kopf, was sitzenbleibt, ist gut, was nicht, auch egal. Termine bestätige ich deshalb heute mehrmals, am besten per SMS oder Mail, damit sie es schwarz auf weiß haben. Das klappt dann mit etwas Glück. Wie oft werde ich trotzdem zur geplanten Dînerzeit angerufen, und der Gast fragt: «Um wieviel Uhr war das nochmal?» Auch der Türcode ist so eine Sache. Selbst wenn ich ihn per Mail schicke, stehen garantiert mehrere Gäste vor der Tür und rufen einen an: «Wie war der Code doch gleich?»

Über die Jahre passte ich mich eben an und lernte mit der chronischen Unpünktlichkeit und Unzuverlässigkeit zu leben, aber noch immer warte ich nicht gern, was für eine Zeitverschwendung. In Deutschland bin ich bis heute ganz pünktlich. Vor kurzem hatte ich ein Treffen mit einer Freundin auf der Straße in Düsseldorf verabredet, was ich in Frankreich nie wagen würde. Ich kam eine Minute zu spät, sie zwei Minuten und entschuldigte sich wortreich, sie stand im Stau. In Frankreich dagegen nehme ich alles nicht immer mehr so genau. Ich habe sogar schon mal kurz vorher bei Partys abgesagt, weil ich es nicht mehr schaffte oder einfach keine Lust mehr hatte. Ich rechne immer damit, dass eine Pressekonferenz mit mindestens einer Viertelstunde Verspätung anfängt, beginnt sie pünktlich, bin ich mittlerweile überrascht. Und zu Modenschauen in Paris, außer zum Deutschen Karl Lagerfeld versteht sich, komme ich sogar eine halbe Stunde zu spät. Dann weiß ich, dass ich genau rechtzeitig bin. Mit Julie und meinen anderen Freundinnen vermeide ich Treffen im Restaurant, ich hole sie lieber von ihrem Büro ab, dann haben sie keine Ausrede. Aber glauben Sie ja nicht, dass ich als Deutsche zu Treffen einfach zu spät kommen kann. Sind die Franzosen dann zufällig doch mal pünktlich, sind sie eingeschnappt. «Von dir hätte ich mehr Pünktlichkeit erwartet», hat mir Julie doch glatt schon vorgeworfen, wenn sie selbst ausnahmsweise mal nicht verspätet auftauchte.

KAPITEL 10

Zeit zum Arbeiten – oder auch nicht

Au téléphone

Am Anfang meiner Pariszeit saß ich in einem Pressebüro mit Deutschen, die alle schon ziemlich lange in Frankreich waren und dementsprechend gut Französisch sprachen. Versteht sich, dass die natürlich gebannt lauschten, wenn ich mein mäßiges Schulfranzösisch rauskramte. Ja, der größte Stressmoment meiner Arbeit war anfangs tatsächlich das Telefon. Wenn es klingelte, bekam ich jedes Mal den Schreck meines Lebens – und es klingelte für meinen Geschmack reichlich oft. Damals sah man auch noch nicht auf dem Display, ob der Anruf aus Deutschland kam oder aus Frankreich. Ich ließ es deshalb im Büro gern mal klingeln und hoffte, dass jemand anders ranging. Das hatten die bald raus und ließen mich extra abnehmen.

Wie unglaublich schwer war es anfangs, jemand am Telefon zu verstehen, wenn der auch noch aus Südfrankreich kam! Dreimal musste ich ihn alles wiederholen lassen. Nur mit den Elsässern kam ich von Anfang an gut klar. Die sprachen mir zuliebe ab und zu mal Deutsch. Katastrophal fand ich auch die Zahlen, besonders wenn mir jemand alles in TGV-Geschwindigkeit am Telefon runterratterte. Warum 80 hier *quatre-vingts* (4–20) heißen muss, soll mir mal jemand erklären. Oder 75 *soixante-quinze* (60–15), ist mir auch unverständlich. Gemeinerweise werden die Telefonnummern in Frankreich immer in Zweierblöcken genannt, weshalb man ständig rechnen muss. Ganz gegen die französische Gewohnheit wiederhole ich bis heute noch gern jede einzelne Zahl. So verstehe ich die Nummer wenigstens.

Auch wenn man jemand anruft, herrscht Unklarheit. «*Allô*», meldet der sich in den meisten Fällen. Also muss man erst mal fragen, wer denn am Apparat ist. Stellte ich mich mit meinem Namen vor, fragten die Anrufer trotzdem nochmal: «Tandscha Kuschenbecker?» Jetzt melde ich mich auch nur noch mit «Hallo». Besonders frech: Wer einen anruft, stellt sich nicht einmal vor, sondern fragt erst, wen er am Apparat hat. Das ging mir lange Zeit völlig gegen den Strich. So was von unhöflich aber auch! Aber so ist einfach die übliche Reihenfolge beim Telefonieren.

Ein Telefongespräch à la française

Angerufener: «Allô.»
Anrufer: «Sind Sie das, Frau Soundso?»
Angerufener: «Ja, wer ist denn da?»
Anrufer: «Ich bin's, Herr Soundso.»
Angerufener: «Ah, bonjour, wie geht es Ihnen?»
Anrufer: «Sehr gut, und Ihnen?»

Worauf die eigentliche Unterhaltung endlich beginnen kann.

Bonjour Paresse oder die französische Arbeitsmoral

Nachdem ich das mit dem Telefonieren heraushatte, kam gleich die nächste französische Hürde: die Arbeitsmoral. Die muss wohl eng verwandt mit dem Zeitgefühl sein. Denn gearbeitet wird ganz offensichtlich höchst selten in Frankreich.

So sind zum Beispiel Montag bei mir im Viertel alle Shops zu und nicht nur bei mir. Erst am Dienstag geht es wieder los, und dann kommt schon der Mittwoch, da haben die Kinder schulfrei, also arbeiten viele nicht. Nicht nur die Woche ist limitiert, auch über das Jahr gibt es ständig Ferien oder Feiertage, vor allem im Mai und Juni. Wenn Donnerstag frei ist, arbeitet kaum jemand am Freitag, alle fahren ins lange Wochenende. Dieser Tag zwischen Feiertag und Wochenende nennt sich *le pont*, der Brückentag, und ist in Frankreich so etwas wie eine heilige Kuh. Dann kommt der Sommer, im Juli und August arbeiten hier alle ohnehin nur mit halber Kraft oder eben gar nicht. Dann gibt es auch noch die französische Ausnahme, die 35-Stunden-Woche, die 20 zusätzliche freie Tage übers Jahr schafft – insgesamt neun Wochen im Jahr. Und so vertrödeln wir dann hierzulande das Jahr. Die Arbeit wird irgendwann erledigt, so nebenbei, wie ich beim Fernsehen mal eine Waschmaschine laufen lasse.

Mich an die französische Arbeitsmoral zu gewöhnen, hat lange gedauert. Vor allem, weil ich selbst in einem deutschen Pressebüro – nach deutschen Zeiten – arbeitete. Oft riefen mich die Kollegen aus Deutschland gegen 12.30 Uhr nach den Konferenzen an. Pech gehabt. Jetzt mussten sie warten, auch wenn das schwer zu erklären war. Oft bis um 15.30 Uhr, denn so lange ziehen sich manchmal die Mittagspausen der Franzosen hin. Mit etwas Glück schaffte ich den Artikel gerade noch vor Textschluss.

Einige Jahre später saß ich zusammen mit französischen Journalisten in einem Büro, und das war für mich höchst erstaunlich und aufschlussreich. Wann arbeiten die Franzosen eigentlich?, fragte ich mich immer wieder. Ständig wurde geplaudert, oft hörte ich jemand auf den Gängen laut pfeifen oder sogar singen. Dann gab es mal einen Begrüßungstrunk, einen Abschiedstrunk, und jemand feierte die Geburt seines Kindes.

Auch wenn nichts zu feiern war, feierten die immer oder hatten etwas ganz Wichtiges mit Kollegen zu besprechen. Immer konnte ich mich natürlich nicht ausschließen ... Wir trafen uns, gerade eine Stunde bei der Arbeit, schnell mal zum Kaffee in der Kantine, nur dauerte das Kaffeetrinken mindestens eine halbe Stunde. Mich stresste das anfangs ganz schön, wenn die Arbeit nicht voranging. Doch das schien niemand anders außer mir zu stören. Vor der Kaffeemaschine ist der Lieblingsplatz zum Plaudern. Weil die Kaffeemaschine der geselligste Ort in jedem Betrieb ist, gibt es darüber sogar eine Comedy-Show zur besten Sendezeit im Fernsehen. In *Camera-Café* stehen alle ständig an der Kaffeemaschine zum Networking, es wird auch gelästert, Intrigen werden gesponnen, die Abenderlebnisse erzählt. Der Gesprächsstoff scheint nicht auszugehen. Nur um eins geht es nie ernsthaft: die Arbeit. Höchstens mal darum, einen unbeliebten Kollegen in die Pfanne zu hauen. Wie im echten Leben eben.

Auch bei der Arbeit kommt es nicht so auf die Minute an. War ein Meeting anberaumt, ging ich mit meinem deutschen Zeitgefühl zwei Minuten vorher los, um ganz sicher pünktlich zu sein – und war garantiert immer die Erste. Langsam kam ich mir richtig albern vor mit meiner Pünktlichkeit. Auf dem Flur traf ich Kollegen, die in die entgegengesetzte Richtung liefen. «Gehst du nicht zum Meeting?», rief ich. «Oh, ist es schon so weit? Ich wollte mir gerade einen Kaffee holen», war die Antwort. Oder: «Ich muss noch schnell jemand anrufen.» Ich hörte sogar: «Ich will mir eben ein Sandwich kaufen.» Dann wusste ich, dass die Person mindestens mit einer Viertelstunde Verspätung kam. Ist auch egal, denn der Chef erscheint auch meist zu spät. Jeder macht eben noch schnell das, was er wichtiger als das Meeting findet. Für uns Deutsche ist das eine Beleidigung, aber die Franzosen sehen das gar nicht so. Auch das Wort

«Deadline» interpretieren sie ganz anders als wir. Deadline ist der Moment, zu dem sie anfangen, sich bei der Arbeit so richtig ins Zeug zu legen, damit das erwartete Resultat mit ein oder zwei Tagen Verspätung endlich vorliegt.

Sind erst mal alle beim Meeting, ist die Zeit dehnbar, musste ich oft feststellen. Einmal konzipierte ich mit französischen Kollegen eine Lifestyle-Zeitschrift, das wurde fast schwieriger als eine Landung auf dem Mond. Als endlich alle eingetroffen waren, wurden erst mal die News des Tages ausgetauscht und Scherze gemacht. Niemand schien so richtig Lust zu haben, an die Arbeit zu gehen. Stundenlang wurde um das Thema herumgeredet, bis die Zeit zu Ende war. Erst einige Tage später beim nächsten Treffen kamen wir auf die Kernfragen. Ob schnell Entscheidungen fielen oder nicht, schien aber immer noch nicht so wichtig zu sein. Ich blickte immer wieder wie gehetzt auf die Uhr und versuchte öfter mal auf ein Ergebnis zu drängen, doch dann wirkten alle irgendwie gestresst. Schlug ich etwas vor, hieß es nur: «Das klingt interessant.» Eine klare Antwort bekam ich selten sofort. Oft dachte ich misstrauisch, dass das ganze Projekt zum Scheitern verurteilt war, aber wie durch ein Wunder kam es dann doch zur Lösung.

Sollte es an der strengen Hierarchie in französischen Unternehmen liegen?, fragte ich mich anfangs. Im Laufe der Zeit stellte ich fest, dass kaum ein Untergebener bei den Treffen wagte, einen originellen Vorschlag zu machen. Gezieltes Brainstorming? Teamwork? Doch nicht in Frankreich. Das haben die im Gegensatz zu uns in der Schule nicht gelernt. Der Chef gibt Anweisungen und wenn er sie nicht gibt, erwartet er von seinen Angestellten, dass sie Gedanken lesen. Hauen sie daneben, sind natürlich die Angestellten schuld. Nur leider kam der Chef selbst selten zu unseren Treffen, weshalb diese eigentlich fast sinnlos waren. Ständig hörte ich deshalb: «Ich muss erst den

Chef fragen.» Die Entscheidung über ein Thema oder eine Graphik in der Zeitschrift verschoben wir deshalb erst mal. Und dann dauerte es Stunden – oder Tage, weil der Chef auch erst mal wieder seinen Chef fragen musste oder aber sich irgendjemand in der Kette gar nicht traute, seinen Chef zu stören. Und fiel dann tatsächlich mal eine Entscheidung, konnte es passieren, dass sie am nächsten Tag wieder verworfen wurde. So richtig verlassen konnte ich mich auf nichts. Oft hatte ich das dumme Gefühl, gegen Mauern anzulaufen, alle meine Vorstellungen von Effizienz, Planung und Kontrolle waren für die Katz. Offenbar dachte ich wirklich sehr deutsch.

Und das war noch nicht alles. Hatte ich es anfangs bedauert, dass ich nicht so richtig in der französischen Arbeitswelt stand, weil ich meist mit Deutschen zu tun hatte, war ich im Laufe der Jahre immer dankbarer dafür. Wenigstens konnte ich mehr oder weniger in meinem Rhythmus arbeiten und mich darauf verlassen, was versprochen wurde. Denn in Frankreich wird auch ständig vergessen, etwas zu erledigen. Kamen wir zu den Treffen für die Lifestyle-Zeitschrift zusammen, hatte garantiert irgendeiner wichtiges Arbeitsmaterial nicht dabei. Wenn's dann auffiel, hieß es nur: «*Ce n'est pas grave.*» (Ist doch nicht so schlimm.) Das störte keinen, niemand schob Panik. Und alles ging weiter im üblichen Trott. Nur ich war mal wieder wie vor den Kopf gestoßen und ärgerte mich über ein weiteres sinnloses Treffen. Überall begegnet mir diese lockere Arbeitseinstellung. Wie kann das nur möglich sein, frage ich mich etwa jedes Mal, wenn in meinem Supermarkt das Milch- oder Joghurtregal mal wieder völlig leer ist und das zwei Tage hintereinander. Da hat jemand einfach nicht richtig geplant.

Auch mit der Genauigkeit ist das so eine Sache. Oft habe ich in einer einzigen Zeitung drei verschiedene Schreibweisen für einen Namen gefunden, für einen Verdächtigen oder ein Unfallopfer etwa. Besonders bei deutschen Namen scheint das schwierig zu sein. Rief ich dann die Polizei an, sagte garantiert einer der Beamten: «Ich glaube, der Name schreibt sich sound-so.» So hätte ihm der Deutsche den Namen jedenfalls buchstabiert. Doch gerade beim Buchstabieren hapert es oft. Ich habe ganz selten mal einen Brief mit meinem Namen richtig geschrieben erhalten – obwohl ich den ganz langsam buchstabiert hatte. Tandscha Kuchendecker oder Tanga Kuschenbeker stand trotzdem dann oft auf dem Umschlag. Deutschen Persönlichkeiten ergeht es nicht besser. Angela Merkel wird schnell zu Angèle Meckerl, Michael Schumacher zu Mikaël Schuhmasché und Claudia Schiffer heißt nur Clodia. Hauptsache, man weiß, worum es geht. Alles nicht so wichtig. Aber wenn ich mal einen Fehler im Französischen mache, bekomme ich gleich eins auf die Finger. Dabei achte ich sogar darauf, dass die Akzente richtig sitzen. Rege ich mich gegenüber meinen Freunden über die Schlamperei auf, sagen die: «Was bist du immer korrekt.» So wichtig sei doch das alles gar nicht.

Zum Thema Arbeitsmoral ist 2004 sogar ein Buch unter dem Titel *Bonjour Paresse* (wörtlich: «Hallo, Faulheit», deutsche Ausgabe: *Die Entdeckung der Faulheit: Von der Kunst, bei der Arbeit möglichst wenig zu tun*, Goldmann 2005) erschienen. Darin beschreibt die Autorin Corinne Maier, die für den Versorger EDF (*Electricité de France*) arbeitete, wie faul und nachlässig ihre Mitbürger sind. Das Werk sorgte für einen Skandal und wurde ein Bestseller. Sie erzählt, dass man besser so wenig wie möglich arbeitet und lieber auf sein Netzwerk achtet. Man könne ohnehin ständig ersetzt werden, warum sich abrackern. Das scheinen hier viele zu denken …

Geschäfte mit Franzosen

*T*raf ich mich für einen Artikel zum Geschäftsessen, hatte das so gar nichts von einem deutschen Arbeitsessen: Häufig wurde ich in ein neues Restaurant gebeten, das gerade im Trend war. Wir aßen und plauderten und das stundenlang, meist darüber, was die Gastgeber für ein tolles Restaurant ausgesucht hatten. Das lief dann so: «Kennen Sie das Lokal schon?», wurde erst mal gefragt. Wenn ich dann nein sagte, ging es los: «Der Koch hatte früher mal drei Sterne, aber der wollte sich dem Stress nicht mehr aussetzen. Deshalb hat er die Michelin-Sterne abgegeben und ein ganz schlichtes Lokal eröffnet.» Mir stand die Frage ins Gesicht geschrieben: Schlichtes Lokal? Denn es war alles sehr feudal mit Lederbänken im Art-déco-Stil eingerichtet. Und das Essen hervorragend. Ich glaube, so phantastische Sardinen hatte ich noch nie gegessen. Sardinen war das Stichwort. Mein Gastgeber erzählte: «Statt Kaviar gibt es Sardinen. Das ist der neue Kochstil. Zurück zu den Wurzeln einfacher Speisen und nicht mehr zu viel überflüssiger Luxus. Meisterhaft, wie der Koch es versteht, aus einfachen Produkten edel zu kochen.» Ich fand die Ausführung schon interessant und hatte nichts dagegen, gut zu essen. Doch von Geschäft keine Spur.

Erst nach dem Essen wurde es ernst, dann als wir alle schon ganz weinselig waren, weil zu jedem Gang natürlich ein anderer köstlicher Wein probiert und analysiert werden musste. Immer wieder hatte ich während des Essens mal versucht, auf das eigentliche Thema, etwa ein neues Mode-Label oder eine neue Unternehmensstrategie, zu kommen. Ich wollte gern alles vor dem Essen eintüten und schnell mein Fragenprogramm abhaken, um danach in Ruhe zu essen. Aber wenn ich mit meinen konkreten Fragen zum Thema anfing, schienen die Franzosen pikiert zu sein. Sie reagierten einfach gar nicht darauf und wandten sich wieder ihrem Wein zu. Nach zahlreichen Essen, die nach diesem Schema abliefen, bei denen ich immer wieder versucht hatte, schnell zur Sache zu kommen, wurde mir klar: Sie wollten lieber erst mal auf Tuchfühlung gehen und einen kennenlernen – und das kann man am besten, indem man beim Essen locker plaudert. Die deutsche Einstellung «erst die Arbeit, dann das Vergnügen» ist nichts für Franzosen. Ich erlebte Presseessen, die drei Stunden dauerten, wobei die eigentlichen Informationen erst in der letzten Viertelstunde kamen. Zwischendurch wusste ich aber schon, ob der Chef jagen ging, welche Weingegend er bevorzugte und ob er schon im Ausland gelebt hatte. Kurz, ich konnte mir immer ein ziemlich genaues Bild von der Person machen. In Frankreich wird gern Arbeit mit Genuss verbunden. Das hat auch gewisse Vorteile. Dabei kann man dem anderen schon mal auf den Zahn fühlen. Das schien mir anfangs ziemlich riskant zu sein, denn in so einem lockeren Gespräch konnte ich auch schnell mal etwas Indiskretes ausplaudern.

Ich hielt mich deshalb lange Zeit lieber an die Tagesordnung. Ich brauchte einige Jahre, bis ich es schaffte, erst mal locker zu plaudern, ohne an die Arbeit zu denken. Der Trick dabei: Ich musste mich einfach 100-prozentig auf den Wein oder das Essen konzentrieren. Ganz schön anstrengend, oder? Und heute gelingt es mir sogar oft, den Spieß umzudrehen und selbst etwas Indiskretes beim Essen aus meinen Gastgebern herauszukitzeln, so ganz auf die charmante französische Art. Zum ernsthaften Arbeiten habe ich nach dem üppigen Essen oft allerdings gar keine Lust mehr. Sollte die französische Arbeitsmoral so auf mich abgefärbt haben?

Noch immer rackere ich mich sicher mehr ab als die Franzosen, damit alles perfekt ist. Die Unbekümmertheit, alles in letzter Minute zu improvisieren – ein dreigängiges Abendessen oder ein Projekt bei der Arbeit im Vorbeilaufen mal eben so auf dem Flur (und erstaunlicherweise klappt es dann meist sogar) –, fehlt mir leider immer noch. Oft amüsieren sich meine französischen Freunde darüber, wie gern ich organisiere, und das nicht nur im Job. Ich bin eben ein Kontroll-Freak, das gebe ich gern zu. Die Weihnachts- und Geburtstagsgeschenke sind lange vorher besorgt, nichts hasse ich mehr, als meine Zeit in einer Warteschlange zu verbringen. Das Essen ist fix und fertig, wenn alle Gäste kommen. Während die Franzosen gern plaudernd bei den letzten Vorbereitungen mit ihren Freunden in der Küche stehen.

Etwas cooler bin ich in den Jahren aber doch geworden, etwas weniger perfektionistisch, und ich improvisiere mehr. Manchmal gelingt es mir heute tatsächlich, ganz französisch zu sein, und dann wundere ich mich immer wieder: Nichts geht schief, und ich bin weniger gestresst. Es ist zwar nicht alles perfekt, aber das stört ohnehin niemand. Meist klappt trotzdem alles und wenn nicht: Erst mal einen Kaffee trinken, dann sehen wir weiter. Und ich finde das mittlerweile ganz entspannend, verglichen mit Deutschland. In Frankreich leben wir viel mehr in den Tag hinein und genießen – wenn's dann mal schnell gehen muss, findet sich auch eine Lösung.

KAPITEL 11

La Boum – ständig fließt der Champagner, aber ich bin nicht immer in Feierlaune

Auf der Suche nach Weihnachten in Paris – Austern statt Lebkuchen

*I*ch bin Weihnachtsfan und das schon seit langem. Niemand, bei dem das Wort Weihnachten Hautausschlag oder Depressionen auslöst. Im Gegenteil. Keksebacken, Weihnachtsbäume, Geruch von Glühwein und der erste Schnee, sogar von Kindern vorgetragene Gedichte sorgen bei mir für eine wohlig-sentimentale Gänsehaut – umso mehr, seitdem ich im Ausland lebe. Deshalb reiste ich in meinem ersten Jahren in Paris zu Weihnachten immer nach Hause und konnte mir absolut nicht vorstellen, in Frankreich zu feiern. Silvester dagegen war mir völlig egal, ich verbrachte den 1. Januar mit Vorliebe im Pariser Büro.

Misstrauisch hatten mich schon die Wochen vor Weihnachten in Frankreich gemacht. Wo blieb die Vorweihnachtszeit? Alles war völlig anders als in Deutschland, es wollte bei mir einfach kein richtiges Weihnachtsgefühl aufkommen, dabei suchte ich richtiggehend danach. Aber hier fand ich keine Spur von deutscher Gemütlichkeit und Lebkuchen. Nirgendwo stieß ich auf den typischen Weihnachtsgeruch nach Glühwein, Stollen und gebrannten Mandeln. Ich kannte doch tatsächlich niemand, der in der Vorweihnachtszeit Plätzchen backte, außer eine deutsche Freundin, zu der ich immer zum gemeinsamen Backen fuhr. Sie hatte riesige Vorräte von Oblaten und Zitronat im Haus und bastelte mir sogar Adventskränze. So kam wenigstens etwas Stimmung auf. Selbst Charlotte, die gern backt, hat doch tatsächlich kein einziges Plätzchenrezept. Und die Zutaten, die ich für meine Lebkuchen brauche, muss ich mir aus Deutschland importieren.

Ich habe händeringend in Paris nach Weihnachten gesucht und bin durch die ganze Stadt auf der Suche nach dem deutschen Weihnachtsgefühl gelaufen. In den Geschäften sah ich nur hässliche Adventskalender aus Schokolade, die Kinder meiner Freundinnen haben oft gar keinen Kalender. Den scheint auch kein Kind zu vermissen. Niemand zündet Kerzen in der Adventszeit an. Dafür steht schon den ganzen Dezember ein mit super-hässlichen Discokugeln und vielfarbigen Glitzerketten geschmückter Baum in ihren Wohnungen, der am Weihnachtsabend dann völlig vertrocknet aussieht. Als ich einmal versehentlich kurz vor Weihnachten bei Charlotte an ihren Baum stieß, rieselten haufenweise Nadeln auf den Boden. Damals wusste ich noch nicht, dass der schon eine Weile da rumstand. Charlotte sah mich verärgert an, schließlich sollte der noch bis zum Dreikönigstag am 6. Januar halten. Ich wunderte mich: «Huch, was ist denn mit deinem Baum los?» Er war einfach nur reichlich alt und vertrocknet, weil sie ihn Anfang Dezember gekauft hatte, erfuhr ich.

Mein Weihnachtsbummel durch die mit überwiegend geschmacklos grellen Sternengirlanden beleuchtete Stadt brachte mir auch nicht viel mehr, der künstliche Schnee auf den Champs-Élysées war schon etwas besser. In meinen ersten Jahren in Paris gab es doch tatsächlich nicht einmal einen richtigen Weihnachtsmarkt. Deshalb richtete ich es meist so ein, dass ich schon ein paar Tage vor Weihnachten nach Deutschland fuhr und noch auf einen Markt ging. Das gehörte für mich einfach dazu. Vielleicht klingt das jetzt lächerlich, aber mich bringt das Weihnachtsfest einfach in nostalgische Stimmung.

Das ist der Moment im Jahr, an dem ich Deutschland wirklich vermisse. Im ganzen restlichen Jahr bin ich längst nicht so sentimental.

Einmal, als ich schon einige Jahre in Paris war, wollten meine Eltern französisches Weihnachten erleben und kamen mich besuchen. Sie waren reichlich schockiert, dass alle erst am 24. Dezember abends ihre Büros verlassen und dann nochmal der Run auf die Geschenke beginnt, weshalb die großen Kaufhäuser auch bis abends geöffnet haben. «Wie soll da Gemütlichkeit aufkommen, wenn alle bis spätabends kurz vor der Bescherung einkaufen?», fragten sie schockiert und legten zur Beruhigung erst mal deutsche Weihnachtsmusik mit Glockenläuten bei mir auf, die sie extra von zu Hause mitgebracht hatten. Sie schlugen danach nie wieder vor, Weihnachten in Paris zu feiern.

Offenbar bin ich nicht die einzige Deutsche in Frankreich, die diese komischen Weihnachtsnostalgie-Anfälle bekommt. Ich hörte mich mal unter meinen deutschen Freunden in Paris um, sie alle fuhren Weihnachten lieber nach Hause und importierten für die Vorweihnachtszeit deutsches Backwerk. Seit einigen Jahren fühlen wir uns aber etwas besser hier. Denn eine deutsche Freundin veranstaltet regelmäßig um Nikolaus einen echt deutschen Adventskaffee mit allem, was dazugehört. Was ich in Deutschland als total kitschig und albern abgelehnt hätte, ist hier in Frankreich höchst willkommen.

Wenn wir zu ihr in ihre kleine Wohnung auf dem Montmartre kommen, riecht es immer köstlich nach Weihnachten. Nur wenige Franzosen wagen sich zu unseren deutschen Zelebrationen der Gemütlichkeit und bleiben selten lange. Sie loben dann den Stollen, nippen misstrauisch am Glühwein und lassen ihn schnell in einer Ecke verschwinden, wenn wir Deutschen sie mal nicht beobachten. Ganz anders ist der als der labberige *vin chaud,* der heiße Rotwein auf Frankreichs Skipisten. Charlotte, die ich einmal mitnahm, staunte über diese Inszenierung, sie fand das alles sehr kurios. Für sie sieht Weihnachten ganz anders aus, typisch französisch eben. Sie hörte unseren reichlich verklärten Ausführungen über die deutsche Weihnacht zu, das schien sie sehr zu erstaunen. Unsere Vorstellungen unterschieden sich doch erheblich. Besonders wunderte sie sich darüber, dass in vielen deutschen Familien Heiligabend oft sehr schlicht gegessen wird, mit Würstchen und Kartoffelsalat als bevorzugtem Gericht. «Das ist doch dann gar kein richtiges Fest», sagte sie. Nur die Weihnachtsgans und den Entenbraten am ersten Feiertag, die ließ sie gelten. Beim *Réveillon de Noël*, dem Heiligabend in Frankreich, dreht sich – wie sollte es anders sein – alles ums Essen und um Luxus, weniger um Gemütlichkeit. Es wird aufgetischt, was Frankreich an Köstlichkeiten zu bieten hat. Vollbeladene Meeresfrüchte-Teller zum Beispiel: Riesenkrebse, Hummer und tonnenweise Austern vom Feinsten, wie die *Gillardeau*, die der Restaurantführer *Gault Millau* den «Rolls der Austern» nennt, doppelt so teuer wie die gemeine Auster.

Mittlerweile habe ich den Weihnachtsschmaus in Frankreich schon häufiger erlebt, und eins ist mir dabei ganz besonders im Gedächtnis geblieben: Das Essen dauert garantiert noch länger als sonst ein Festessen. Setzen wir mal drei bis vier Stunden an. Mein letztes Weihnachten habe ich in der französischen Familie meines Freundes Vincent mit über 20 Personen gefeiert. Es kamen Tanten und Onkel, Cousins und Cousinen und natürlich alle Kinder. Bekannten und Kollegen in Deutschland schrieb ich vorher: «Zu Weihnachten essen wir kiloweise Austern und tanzen bestimmt auf dem Tisch.» So ähnlich war es dann auch. Wir haben von 21 Uhr abends bis fast um ein Uhr morgens getafelt, natürlich Austern, die Stopfleber *Foie gras*, Weinbergschnecken als Vorspeise. Da ging es schon gegen 22.30 Uhr, und ich konnte ein Gähnen nicht unterdrücken. Etwas peinlich war mir das schon, denn alle blickten mich erstaunt an, denn sie waren offenbar in bester Feststimmung.

Satt war ich eigentlich auch. Doch dann ging es erst richtig los. Zwei imposante Truthähne mit Maronenfüllung kamen auf den Tisch und wurden im Nu verputzt, nur zwei Anstandsknochen blieben für die Hunde zurück. Mitternacht: Eine riesige Käseplatte wurde herumgereicht, dazu Salat. Und die konnten alle immer noch essen! Es folgte *la bûche* als Dessert. Das spricht sich nicht wie Buche, sondern «büsch» aus und ist eine Biskuitcremetorte in Form eines Holzscheits. Sie erinnert an die Tradition aus ländlichen Gegenden, als jeder Gast zu Weihnachten Kaminholz mitbrachte. Um ein Uhr morgens – die Kinder waren noch wach, auch die ganz kleinen – stürzten sich dann alle auf die Geschenke unterm Weihnachtsbaum. So schnell habe ich Franzosen noch nie erlebt. In fünf Minuten war alles ratzfatz aufgerissen, es sah aus wie auf dem Schlachtfeld. Dann wurde zum Weihnachtstanz gebeten, wenn auch nicht auf dem Tisch. Der riesige Papierhaufen auf dem Boden schien bei der Party niemand zu stören. Eigentlich fand ich es ein ganz lustiges Fest, nur eben nicht Weihnachten, so wie ich es mir vorstellte. Ich esse Heiligabend eben lieber Lebkuchen als Austern und war insofern schon etwas enttäuscht.

Ein wenig angepasst habe ich mich mit der Zeit allerdings schon an das französische Weihnachten. Der Baum kommt mir immer früher ins Haus – wenn auch, zur Enttäuschung meiner Kinder, ohne Discoschmuck. Die finden den Baum bei den Nachbarskindern immer viel toller und bunter. Und Würstchen mit Kartoffelsalat sehe ich auch nicht unbedingt als das Nonplusultra eines Weihnachtsfestessens an. Das würde sicherlich die Familie meines Freundes zu sehr schockieren, wenn ich das Heiligabend auf den Tisch bringe. So hielt ich mich bei einer Weihnachtsfeier bei mir zu Hause an die Klassiker und servierte

Meeresfrüchte. Meine Gäste müssen sich wohl vor einem deutschen Festessen gefürchtet haben, denn sie hatten mir schon Wochen vorher angekündigt: «Wir bringen ein Spanferkel mit und braten das bei dir.» Lieber auf Nummer sicher gehen.

Es gibt allerdings etwas, das ich in Frankreich wirklich an den Festtagen liebe. Es werden weniger Weihnachtsgrüße verschickt, sondern mehr Neujahrswünsche. Und die *Bonne Année*-Wünsche kann ich den ganzen Januar noch loswerden, wurde mir klar, als auch Ende Januar immer noch offizielle Grußkarten von irgendwelchen Pressestellen bei mir eingingen. Trödel, trödel. Von den Modeleuten kamen sie besonders spät. Ich sah sie förmlich vor mir. Da saßen sie und überlegten, wen sie zu den Haute-Couture-Schauen Ende Januar wohl einladen wollten und erledigten das mit den Grußkarten gleich mit. Die Zeitverzögerung bis in den Januar finde ich wirklich nett, denn vor Weihnachten ist immer so eine Hetze. Im Januar, die Schenkerei ist vorbei und es steht nur noch der Umtausch unerwünschter Dinge an, plaudert und schreibt es sich doch viel entspannter. Ich nutze dann die Gelegenheit, alle mal wieder anzurufen, die ich ohnehin schon lange auf der Liste hatte.

Das glorreiche Frankreich

Nicht nur Weihnachten ist so ein Fest, an dem mir besonders klar wurde: Ich denke wirklich ganz anders als die Franzosen. Ziemlich schnell wurde ich mit den geschichtsbedingten Feiertagen konfrontiert. Neben Weihnachten sind nicht etwa Pfingsten und Ostern die wichtigsten Feste im katholischen Frankreich. Nein, der 8. Mai, der 14. Juli und der 11. November. In meiner Anfangszeit in Paris, als ich in einer kleinen Seitenstraße der Champs-Élysées arbeitete, entdeckte ich zuerst den

14. Juli, den Nationalfeiertag, an dem Frankreich der Gründung der Republik gedenkt. Schon tagelang vorher mussten wir im weiten Bogen um die Prachtstraße herumfahren, weil alles mit Metallbarrieren abgesperrt war, es wurden Millionen von Zuschauern zur traditionellen Militärparade erwartet. Was für ein Aufwand! An dem Tag selbst rasten dann Kampfflugzeuge über Paris und hinterließen einen dreifarbigen Rauchschweif, blau, weiß, rot, wie die französische Nationalflagge. Selbst der Präsident kam und bewunderte die Parade, bei der alles, was es in Frankreich an Militäreinheiten gibt, schön geordnet und mächtig stolz aufmarschierte. Bei meinem ersten 14. Juli dachte ich, ich träume. Unweigerlich musste ich bei all den Quasten an Filme über Napoleon und seine Feldzüge denken. Für mich als Deutsche erschien dieser ganze verschwenderische militärische Aufwand zudem einfach albern und höchst überflüssig, vielleicht auch ein wenig verwerflich. Was ich meinen französischen Bekannten natürlich nicht vorenthielt, doch die meisten von ihnen verstanden meine Einwände überhaupt nicht oder wirkten sogar verärgert über die Kritik.

Doch der 14. Juli ging noch. Als Nächstes erlebte ich in meinem ersten Jahr in Paris die *Fête de la Victoire* am 8. Mai und empfand sie als besonders unangenehm. An dem Tag feiert Frankreich den Sieg über Hitlerdeutschland und das Ende des Zweiten Weltkrieges 1945, was mich anfangs sehr verstört hat, weil mich das wie mit dem Vorschlaghammer an die eigene Geschichte erinnerte. Auch den 11. November feiern die Franzosen, aber nicht etwa den «Sankt Martinstag», sondern doch tatsächlich immer noch den Waffenstillstand im Ersten Weltkrieg am 11. November 1918. Damit stehen zwei wichtige Feiertage in Frankreich in engem Zusammenhang mit Deutschland. «*Ah bon*», sagten meine Bekannten immer wieder erstaunt, wenn ich ihnen erzählte, wie wenig Bedeutung dem 11. November in Deutschland beigemessen wird. Frankreich ist stolz auf seine nationale Identität und Geschichte, was auf uns oft etwas befremdlich wirkt. Patriotismus gehört dazu, ebenso wie die Inszenierung der Nation. Von Kind auf wird gelernt, das Land zu ehren, und es gibt kaum jemand, der nicht spätestens im Alter von sechs Jahren die Nationalhymne Marseillaise singen könnte. Vor allem Frankreichs Errungenschaften stehen in jeder Hinsicht im Vordergrund. Das fiel mir auch immer wieder bei den Fernsehberichten über die Olympischen Spiele auf. In Frankreich erfuhren wir nur, wie viele Medaillen mal wieder die Franzosen eingeheimst hatten, nur ganz selten wurde mit den anderen Nationen verglichen.

Was für uns Deutsche völlig deplatziert erscheint, ist in Frankreich ganz normal, entdeckte ich in meiner Anfangszeit hier. Sicherlich kannte ich die französische Geschichte schon bestens, bevor ich nach Paris kam. Doch sie so vorgelebt zu bekommen, das ist etwas ganz anderes. Ja, wir Deutschen und Franzosen sind schon ein ungleiches Paar, trotz der deutsch-französischen Freundschaft, die Kanzler Konrad Adenauer und Frankreichs Präsident Charles de Gaulle am 22. Januar 1963 ins Leben gerufen haben.

Mir wurde nie beigebracht, mein Land wirklich zu lieben, dann schon eher für deutsch gehaltene Tugenden wie Ehrlichkeit und Zuverlässigkeit zu schätzen. Ich konnte mir durchaus immer vorstellen, dass es woanders zu leben schöner sein könnte als in Deutschland. Heute weiß ich, vielleicht nicht schöner, aber zumindest anders ist es in Frankreich. Und anders finde ich immer spannender als das Altvertraute, das ist so, als wenn man seinen gemütlichen Hausschuh gegen Pumps von Kultdesigner Christian Louboutin tauscht. Und wenn ich vor die Wahl gestellt werde ... Nun, so landete ich in Frankreich, natürlich nicht nur wegen der Louboutins, und sah mich plötzlich mit Nationalstolz konfrontiert. Als Journalist ist das ein Klischee über Frankreich, das ich häufiger bedienen muss. Gern redigieren meine deutschen Redaktionen mindestens einmal «Grande Nation» in meine Artikel über Frankreich, so nennen die Deutschen ihren Nachbarn, um sich über dessen Größenwahn lustig zu machen. «Was soll das?», fragten mich französische Pressesprecher danach verärgert. Sie verstanden das gar nicht und würden ihr Land nie so nennen.

Nur einmal in meiner Zeit in Frankreich erlebte ich, wie auch das Nationalbewusstsein von uns Deutschen wach wurde, das war bei der Fußballweltmeisterschaft 2006, als deutsche Flaggen geschwenkt wurden. Sofort stand die ängstliche Frage im Raum: Was denkt das Ausland wohl von uns? Mehrere Zeitungen riefen mich sogar an und fragten: «Wie kommt das in der französischen Presse an?» Ich konnte die Deutschen beruhigen: In Frankreich fanden die Leute das ganz normal. Charlotte, die durch ihre Zeit in Deutschland wusste, was für ein Tabuthema Nationalstolz in Deutschland immer war, sagte zu mir: «Endlich wird auch in Deutschland mal so richtig ohne Bedenken gefeiert, und die Deutschen sind stolz auf sich.» Sie hatte es schon immer merkwürdig gefunden, dass ich so wenig enthusiastisch zu meinem Heimatland stand.

Nationalstolz und der damit verbundene französische Prunk ist uns völlig fremd, aber mit den Jahren fand ich das immer unterhaltsamer. Mitunter fühlte ich mich an Marie Antoinette erinnert, wenn ich in den prunkvollen Ministerien oder Regierungspalästen mit goldenen Türen, Stuck, Kronleuchtern und barocken Möbeln zu Pressegesprächen eingeladen war. So als ob ich gar nicht in der heutigen Zeit lebte. Blitzschnell brachten mich die Anrufe meiner Redaktionen aber immer wieder in die Realität zurück: «Nun, was hat der Präsident über Deutschland gesagt?»

Repräsentation wird groß geschrieben, auch wenn das so allerhand kostet. Kaum jemand würde das in Frage stellen, das ist Imagesache. Zu einem würdevollen Fest gehört ein überladenes Buffet, auch in der Politik – ganz anders als in Deutschland.

Das Fest der Feste

Dieser Unterschied wurde 2003 zum 40-jährigen Jahrestag des Élysées-Vertrages der deutsch-französischen Freundschaft zur Lachnummer. So richtig krachen lassen wollte man es, der deutsche Bundestag sollte mit allen Abgeordneten zum französischen Parlament reisen. Aber dann wurde nichts aus dem rauschenden Fest, die deutschen Medien vermiesten die Party. Sie meckerten schon vorweg: Auf Kosten der Steuerzahler wird in Saus und Braus gefeiert. Worauf die Deutschen kleinlaut bei den Franzosen ein ganz bescheidenes Fest verlangten. Kein Champagner, nur Wein. Ich weiß noch genau, wie empört die Franzosen reagierten. «Kein Champagner? Was ist das denn für ein Fest?» Für die Franzosen war es einfach unvorstellbar, so ein staatsträchtiges Jubiläumsereignis nicht mit Champagner zu begießen. Das war beinahe so, als ob es gar nicht stattfinden würde, so wie Weihnachten mit Kartoffelsalat und Würstchen. Was für ein Affront, wie kann man nur so geizig sein! Nahmen diese Deutschen denn den Jahrestag nicht so richtig ernst? Und schnell wurden alle Vorurteile gegen die spießigen Deutschen wieder aus der Schublade gekramt. Was für uns politisch-korrekt war, sorgte in Frankreich für einen Skandal. Wir deutschen Journalisten hier mussten uns jedenfalls tagelang von unseren französischen Kollegen verspotten lassen, denn das Thema stand auf Seite 1 aller Zeitungen in Frankreich, unter dem Tenor: «Deutsch-französischer Prunk zu Discount-Preisen.»

Aktuelle Ereignisse wie dieses zeigten mir immer wieder: Franzosen sind anders – Deutsche aber auch. Und das betraf mich ganz persönlich. In Frankreich kochten Zweifel an meiner deutschen Identität immer wieder richtig schön hoch. Im Gegensatz zu vielen Franzosen bin ich natürlich gar nicht unglaublich von mir überzeugt und stelle mir hier bis heute ständig die Frage: «Was denken die Franzosen von den Deutschen? Wie sehen sie mich? Bin ich wirklich so deutsch? Und wenn ja, warum kann ich mich damit nicht abfinden?» Manchmal habe ich die Franzosen sogar ein wenig darum beneidet, dass sie sich und ihr Land grundsätzlich einfach toller finden. Dieses Selbstbewusstsein! Diese Nonchalance! Doch mittlerweile sage ich mir: Egal. So werde ich nie sein und will das auch gar nicht mehr wirklich. In fremden Barockkulissen feiert es sich einfach unbeschwerter.

Das Rentrée-Gefühl ist wie Silvester

Nach dem 14. Juli wurde es in Paris plötzlich ganz still. Die Läden um mich herum schlossen, die Straßen waren bis auf Touristen im Stadtzentrum wie ausgestorben. Ich fühlte mich im sonst so belebten Paris völlig verlassen. Es war Ferienzeit, wollte ich einen Termin ausmachen, bei einem Klempner oder Zahnarzt, hieß es nur: «*À la rentrée.*» Das hatte mir auch Charlotte gesagt: «Wir sehen uns *à la rentrée.*» Was bedeutete dieses geheimnisvolle Wort *rentrée*, das mir überall begegnete? Ich hatte nicht die geringste Ahnung, wovon sie sprach. Ende August wusste ich es dann, als ich im Fernsehen sah, wie sich die Automassen aus dem Süden wieder Richtung Norden quälten. *La rentrée* war gekommen, die Rückkehr aus den Ferien mit dem ersten Schultag. Den kündigten die Zeitungen tagelang vorher schon mit *le jour J* (der Tag J) an. Alle waren zurück in Paris, die Läden öffneten wieder, und ich stand wie gewohnt Schlange. Aha, das war also alles?

In den ersten Jahren weigerte ich mich, dem Trend zu folgen, und fuhr lieber im Herbst in den Urlaub, wenn es in Paris kalt wurde. Doch das war keine gute Idee, sich so von dieser weitverbreiteten französischen Tradition auszuschließen. Denn diese Sommer begannen mich immer mehr zu langweilen, sie waren verdammt einsam in Paris. Meine französischen Freunde hatten sich alle irgendwo in den Süden oder aufs Land abgesetzt. Nach einiger Zeit in Paris durfte ich mitfahren und erlebte das Rentrée-Gefühl zum ersten Mal selbst, und dann verstand ich die Franzosen endlich.

Es war so, als ob ich nach Ewigkeiten wieder in den Alltag zurückkehrte und der ganz plötzlich unglaublich spannend war. Fast wie ein Festtag. Mich erinnerte es am meisten an Silvester. Meine Freunde kamen alle mit besten Vorsätzen voller Energie aus den Ferien zurück. Abnehmen, gesünder essen, nicht mehr rauchen, sich besser organisieren, kein Stress mehr. Alle hofften auf einen Neuanfang – und dann war es doch wie immer. Aber diese Hoffnung macht den Zauber des Rituals aus. Ich war fast so aufgeregt wie ein Kind vor Weihnachten und hatte gar nichts dagegen, zweimal im Jahr gute Vorsätze zu fassen. Gehalten habe ich die ohnehin nie.

Und die *rentrée* war auch noch so etwas wie ein Frühjahrsputz. Ich mistete meine Schränke aus, in unzähligen französischen Modezeitschriften las ich zu dem Zeitpunkt nicht nur, wie man das am besten macht, sondern auch, womit man sie neu füllen sollte. Da stand dann etwa: «Jedes Teil, das Sie seit zwei Jahren nicht mehr getragen haben, können Sie getrost ausmustern.» Angestrengt dachte ich nach und blickte dabei mit zusammengekniffenen Augen in meinen Schrank: Nun, das galt etwa für die Hälfte meiner Klamotten. Also raus damit! Das fand ich herrlich, ich fühlte mich so beschwingt. Zwei Koffer voll sortierte ich anfangs immer für den Flohmarkt aus. Noch schöner fand ich natürlich, alles wieder aufzufüllen. Leider gab es auch dafür Regeln: «Ersetzen Sie nur jedes zehnte Teil und überlegen Sie genau, was Sie noch nicht im Schrank haben und noch brauchen.» Ich hatte noch so einiges nicht im Schrank, Taschen von Louis Vuitton etwa oder den neuesten Fummel von Dior oder Prada. Doch die konnte ich mir nicht leisten. Und was brauchte ich noch? Eigentlich gar nichts, oder? Diese Aufräumerei wurde langsam verzwickt. Trotzdem habe ich die Tradition bis heute beibehalten, und meine Mutter wundert sich immer über den aufgeräumten, recht übersichtlichen Kleiderschrank ihrer Tochter.

Auch ich konnte dem Phänomen der *rentrée* nicht einfach so entkommen und ging schnell nochmal zum Friseur – keine *rentrée* ohne einen ordentlichen Haarschnitt, das wäre wie ein Hochzeitsfest ohne ein neues Kleid. Obwohl ich in der Hinsicht mittlerweile etwas misstrauisch geworden bin. Denn Charlotte erzählte mir: «Die *rentrée* ist auch nochmal die Gelegenheit, bei den Kindern die Läuse aus dem Ferienlager diskret mit einem Kurzhaarschnitt zu bekämpfen, bevor die nächsten wieder in der Schule aufspringen.» Ja, das Thema Läuse kommt hier ganz locker nebenbei aufs Tapet. Auch sonst habe ich nach den großen Ferien noch so einiges zu erledigen, vor allem seit ich Schulkinder habe. Die Schultasche muss vorbereitet werden, denn schon vor den Ferien gibt es eine Riesenliste, die man abarbeiten muss.

Was ich nicht verstehe: Das ganze Zeug für die *rentrée*, vom Radiergummi bis zur Schultasche, gibt's auch schon Anfang Juli. Aber keiner kauft es, nur ich natürlich, seitdem ich beim ersten Mal Ende August losgelaufen war und Schlange stand. Für Charlotte bestätigte das mal wieder ihr Klischee vom typischen Deutschen: «Du bist eben immer so perfekt organisiert.» Die Franzosen dagegen scheinen dieses Ritual des *rentrée*-shoppings einfach zu brauchen. Nirgendwo wird mir deshalb so bewusst, dass der Sommer vorbeigeht, wie in Paris. In den Straßencafés genießen alle – nach den Hamster-käufen natürlich – noch die letzten Sonnenstrahlen, bevor es Abschied nehmen vom Sommer heißt. Die Gesprächsthemen drehen sich allerdings noch ausschließlich nostalgisch um den Sommer: Wo gab es die besten Austern, und wie herrlich abgelegen das Landhaus doch war. Und wir küssen uns bei der *rentrée* auch immer besonders ausführlich mit *la bise* auf die Wangen, so als hätten wir uns alle jahrelang nicht gesehen, so ähnlich wie zum neuen Jahr. Wobei natürlich ziemlich viel Ar-beitszeit draufgeht.

KAPITEL 12

L'amour, hum hum, pas pour moi ... – warum mir beim French Lover nicht unbedingt die Knie zittern

Lizenz zum Flirten

*W*o ich schon mal in Paris war, konnte es sicher nichts schaden, neben der französischen Küche noch eine angenehme Seite des Landes mitzunehmen ... Warum nicht den Traumprinzen in Paris finden? Eigentlich hatte ich für Franzosen nie so viel übrig. In meiner Erinnerung aus der Schüleraustauschzeit fand ich sie zu klein, dürr und zu kartoffelnasig, aber dafür wahnsinnig arrogant. Und dennoch angelten sie sich schon damals die Mädchen reihenweise. Ich schob das mit 14 oder 15 Jahren auf das French-Kiss-Image. «A kiss is just a kiss», singt der Barpianist in dem Film *Casablanca,* als Ingrid Bergman erscheint. Dass das großer Unsinn ist, kann sich doch jeder denken, sonst wäre der French Kiss nicht so ein Klischee. Die Franzosen sehen sich laut Umfragen als die Kussnation Nummer 1, sie glauben, dass sie die tollsten Liebhaber der Welt sind, die Deutschen trauen sich selbst dagegen nicht viel zu. Ich reiste also zu den Küssern, mal sehen, ob sie hielten, was sie versprachen. Nie wäre es mir allerdings in den Sinn gekommen, dass ich mein Leben auf Dauer in Frankreich mit einem Franzosen verbringen würde. Und doch kam es so.

Bei Paris dachte ich an *Gefährliche Liebschaften* von Stephen Frears und den Sittenverfall der hohen Gesellschaft, an Gustave Flauberts Ehebrecherin Madame Bovary, an Marquis de Sade, an Verführung und Intrige, an französische Kabaretts und leichtbekleidete French-Cancan-Tänzerinnen im «Moulin Rouge». Ich hoffte natürlich insgeheim, dass Paris mich glamourös macht und etwas von dem Charme der Stadt und ihrer Bewohnerinnen auf mich abfärbt. Die beobachtete ich immer wieder in Cafés, wie sie in knappen Kostümen und Pumps an mir vorbeiflanierten und sich die Haare kokett aus dem Gesicht strichen, wenn ein bewundernder Blick sie streifte.

Nina mit ihren Frankreichklischees hatte mich gewarnt: «Da wirst du ständig angemacht. Man kann kaum allein in ein Café gehen, dann hat man gleich einen am Hals hängen. Und die lassen sich nur schwer abschütteln.» Das klang nicht so gut, ich hoffte stattdessen, dass mir charmante Franzosen den Hof machen würden. Doch auch wenn die Phantasie bei den Worten Paris und *l'amour* mit einem durchgeht, sollte man nicht glauben, dass an jeder Ecke ein Traummann herumlungert, der nur darauf wartet, einen mit poetischen Sprüchen und ausgefeilten Komplimenten zu verführen. Weit gefehlt.

Meist war es tatsächlich eher lästig, und ich musste an Nina denken. Es war mein erster Frühling in Paris, und ich wollte raus. Also ging ich in die Tuilerien zum Lesen, weit kam ich dabei allerdings nicht. Zwei Seiten höchstens schaffte ich immer, dann saß garantiert einer bei mir auf der Bank. Wie oft hatte ich stundenlang in Deutschland im Park gesessen und nichts, aber rein gar nichts war passiert, außer ein paar kurzen, beiläufigen Blicken, wenn überhaupt. Annäherungsversuche, Komplimente oder Flirts, was die Franzosen *la drague* (Anmache) nennen, so einfach mal auf der Straße, kannte ich kaum. In Paris hatten dagegen in den ersten Minuten in den Tuilerien schon mehrere indiskret zu mir rübergeblickt und nicht nur zu mir, sondern auch zu anderen Frauen, die auf den Bänken in der Sonne saßen. Dann näherte sich ein Typ an, der sah gar nicht übel aus. Sehr französisch mit etwas längerem dunklem gewelltem Haar, stellte ich mit einem schnellen Seitenblick fest. Dabei hatte ich mir mit meinem Outfit nicht gerade Mühe gegeben, Jeans und flache Schuhe, ungeschminkt, nichts Besonderes eben. Wählerisch konnte der nicht sein!

Es dauerte nicht lange, bis er mich ansprach. Schnell kam er zur Sache, der wollte wohl keine Zeit verlieren, wer weiß, ob sich der Aufwand lohnt. «Was liest du denn da?», fragte er und legte dabei allerhand Charme in seine Stimme. Ich zeigte ihm mein Buch. Weiter ging es: «Bist du allein? Wie heißt du? Ich bin Eric.» Und er reichte mir die Hand, während ich meinen Namen murmelte. «Hast du nicht Lust, mit mir einen Kaffee zu trinken?» Dabei rutschte er, wie er wohl hoffte, ganz unauffällig ein Stück näher – zu weit für mich. Hoppla, der hatte es aber wirklich eilig. Ich lehnte ab: «Ich habe nicht mehr viel Zeit.» Und versuchte wieder in mein Buch zu blicken. «Wie schade, dann bleiben wir eben hier sitzen.» Wie wurde ich den jetzt nur wieder los? Hier gehen überhaupt alle immer höchst südländisch auf Tuchfühlung, was für uns Nordeuropäer anstrengend sein kann. Wir haben einfach einen ganz anderen Sicherheitsabstand, wenn wir miteinander reden. Manchmal fragte ich mich: «Will der mich jetzt anmachen?» Dabei war es nur eine höfliche Kontaktaufnahme. Ich bekam Platzangst und rückte ein Stück ab. Kurze Zeit später verabschiedete ich mich und suchte mir eine andere Parkbank.

Am selben Abend ging es gleich weiter. Flirten scheint hier so eine Art Lieblingssport zu sein, da wird keine Gelegenheit ausgelassen. Jede einigermaßen ansehnliche Frau stellt ganz offensichtlich eine neue Herausforderung dar. Beim Flirt läuft es eigentlich immer nach einem 08/15-Schema ab, und das geht so: Ich saß mit Julie in einer Bar bei mir um die Ecke. Zwei

Typen kamen vorbei: «Hallo, ihr beiden Hübschen, was macht ihr denn da so allein?»

«Allein?», fragte ich mich. Kann der nicht gucken, wir waren doch zu zweit.

«Dürfen wir uns dazusetzen? Was wollt ihr trinken?» Für Widerspruch blieb gar keine Zeit mehr, schon saßen sie bei uns an der Bar. So was kannte ich aus Deutschland gar nicht. Ich war etwas mehr Zurückhaltung und Respekt gewöhnt, keine so deutliche Anmache. In Deutschland trauen sich die Männer kaum an einen heran, was natürlich das Kennenlernen nicht gerade erleichtert. So schleicht man dann ewig um den anderen herum, und oft wird doch nichts draus. In Frankreich sind die Rollen klar. Der Mann ist der Verführer. In der Hinsicht geht es hier immer noch reichlich altmodisch zu. Eigentlich nimmt einem das als Frau, wenn man es richtig bedenkt, eine Menge Mühe ab. Julie ziert sich deshalb ganz weiblich auch gern ein wenig. Sie zögert oft erst mal, wenn sich jemand mit ihr verabreden will. Nie würde sie vor einem Verehrer zu einer Verabredung kommen, erzählte sie mir, und auch nie zuerst die Visitenkarte geben. Klar, alter Trick, das kenne ich auch. Trotzdem, er scheint bestens zu funktionieren.

Ständig wurde ich umgarnt und nicht nur ich. Da gab es den Künstlertypen, der begegnete einem im Freibad. Kaum hatte ich mich hingelegt, fing der an mich zu malen. Was sollte man da tun? Also wartete ich erst mal ab und muss zwischendurch wohl eingeschlafen sein. Plötzlich wurde es schattig. Der Künstler, gar nicht so dürr und kartoffelnasig, wie ich die Franzosen in Erinnerung hatte, sondern eher durchtrainiert, stand vor mir und reichte mir das Bild. War eigentlich ganz hübsch – das Bild. Klar, war das wieder Anlass für ein Gespräch. Als er meinen Akzent hörte, fragte er: «Wo kommst du her, aus Osteuropa? Bist du Model?» Ja, so schmeicheln die einem, die scheinen alle eine Lizenz zum Flirten zu haben. Damals näherte ich mich schon rapide meinem 30. Geburtstag und war auch nicht gerade ein Hungerhaken. Wollte der jetzt Geld für das Bild? Schien nicht so. Aber was wirklich Geistreiches fiel mir dazu eigentlich nicht ein. So plauderten wir noch ein paar Minuten hin und her, doch das mit dem Flirt schien mir wohl nicht so zu liegen. Kurze Zeit später verabschiedete er sich. Als ich das Freibad verließ, sah ich ihn wieder, er zeichnete schon eine andere Frau.

Aber der Flirt *à la française* begann mich langsam zu amüsieren. Wäre doch gelacht, wenn es mir nicht gelingen sollte, einen dieser Charmeure auszuspielen. Das müsste doch ein Leichtes sein, sie um den kleinen Finger zu wickeln. Weil ich mich nach allen Restaurantbesuchen mit meinen Freundinnen schon so unglaublich französisch fühlte, wagte ich mich allein in eine meiner Lieblingsbars, das «Café de l'Industrie» an meiner Ecke, und war gespannt, was ich da erleben würde. Im Café sah es ein wenig so aus wie auf dem Sperrmüll, olle Stühle, alte Bistrotische und ein abgewetzter Holzboden. Doch das war ziemlich in, zumindest bei der Pariser Künstlerszene. Ich setzte mich an die Bar und wartete. Das war ungefähr so, wie mit dem Auto um den Triumphbogen zu fahren. Es half nichts, da musste ich jetzt durch. Schnell das Ich-fühl-mich-verdammt-toll-Gesicht aufgesetzt, wie ich es bei den Französinnen gesehen hatte. Ich versuchte mit dem Kellner, der mich schon kannte, zu reden. Aber der war einfach zu beschäftigt. Und nach meinem Cocktail saß ich immer noch allein, kein netter Franzose in Sicht. Irgendetwas hatte ich falsch gemacht.

Egal, es kamen noch mehr Gelegenheiten, meine Flirttaktik zu verbessern. Trug ich irgendwo einen schweren Koffer, hieß es sofort: «Mademoiselle, überheben Sie sich nicht. Lassen Sie mich das mal machen.» Anfangs lehnte ich ab, und die Männer schienen ganz enttäuscht, wie vor den Kopf gestoßen. Ich ließ mich doch nicht als kleines und schwaches Frauchen behandeln! Doch nach einiger Zeit dachte ich wohl französischer. War doch ganz angenehm, sich den Koffer tragen zu lassen. Und es verpflichtete schließlich zu nichts. Kaufte ich ein, stand garantiert einer hinter mir an der Kasse und zeigte in den Korb: «Ich liebe Brokkoli, kann ich mitessen?» Jetzt mal ehrlich: Für wie dumm hielt der mich eigentlich, welcher Mann mag schon Brokkoli? Oder es sprach mich einer einfach so auf der Straße an: «Was haben Sie für schöne Augen. Grün oder Blau? Südseefarbe, da würde ich gern eintauchen.» Die Palette der Komplimente scheint unendlich.

Ständig hörte ich, wie Frauen auf der Straße geschmeichelt wurde: «Ach, was für schöne Beine.» Oder: «Mademoiselle, Sie sind charmant.» Selbst im Job hieß es oft: «Schönen Frauen hilft man doch gern aus dem Mantel.» Auch bei politischen Veranstaltungen wird geflirtet, was das Zeug hält. Ständig sagt einem jemand bei der Arbeit, dass man hübsch aussieht. Ging ich zu einer Pressekonferenz, gab es garantiert hinterher einen Sprecher oder Manager, der mir zuflüsterte: «Ich hoffe, Sie kommen nächstes Mal wieder.» Und sein Blick schien dabei nicht rein professionell zu sein. Darauf konnte ich mir aber nicht viel einbilden, den anderen Frauen ging es genauso. Beim Flirt sind der Phantasie keine Grenzen gesetzt. Und was bei uns an sexuelle Belästigung grenzen würde, gehört hier zum Alltag. Die Frauen antworten scherzend oder einfach nur mit einem koketten *Merci*. Wenn ich allerdings zu freundlich antwortete, konnte es mir passieren, dass der Typ das als Einladung verstand. Wie sollte ich nur damit umgehen?

Ich musste Charlotte fragen, die kannte die Männer in Deutschland und in Frankreich. «Geht dir die ewige Anmache nicht auf die Nerven?»

«Wieso? Ist doch ganz normal. Ich fand das in Deutschland eher immer merkwürdig, dass die sich so gar nicht trauten. Und wenn ich keine Lust auf einen Flirt habe, ziehe ich mich dezent an und vermeide jeden Blickkontakt. Aber, sag mal, sind deutsche Männer alle schüchtern? Haben die Angst, abgewiesen zu werden?»

Ich dachte ein wenig nach: «Ich glaube, in Deutschland sind die Männer nicht immer auf Eroberungszug.»

«Hier ist das auch oft nur ein Spiel. Doch man weiß ja nie. Es kann immer mehr werden. Aber wie kommt ihr dann zusammen?»

Jetzt musste ich doch etwas nachdenken: «Wir reden.»

«*Ahh bon*», sagte Charlotte, und man sah ihr an, wie seltsam sie das fand. «Ist das nicht anstrengend?» Sie erzählte mir von Männern, die sie in Deutschland getroffen hatte und die stundenlang mit ihr über Politik oder Kunst redeten. «Ich hatte nicht die geringste Ahnung, dass die an mir interessiert waren. Wie sollte ich auch? Es gab kein Signal, keine Verführung.»

Ja, das ist in Frankreich anders, hier wird ständig geworben. Mir wird die Tür aufgehalten, und die Männer helfen mir galant in den Mantel. Ich brauchte eine Weile, bis ich das hinbekam. Die ersten Male verpasste ich immer glatt den Ärmel, so ungewohnt war das. Schnappte mir dann schnell selbst den Mantel und sagte: «Ich mach das schon.» Wofür ich natürlich den einen oder anderen seltsamen Blick erntete. Auch das Türaufhalten, wenn ich ins Restaurant ging, fand ich zuerst ungewohnt. Das war wie mit dem Bezahlen, ständig wollte mich jemand einladen. Das machte mich jedes Mal misstrauisch. Wollte der was von mir? Doch oft war er einfach nur nett. Zu ernst nehmen sollte man das Blinzeln, Lächeln und Schmeicheln also nie, wurde mir bald klar. Julie gab mir den Rat: «Immer schön locker bleiben. Und vergiss nicht die Spielregeln: Leichtigkeit und Humor.» Der Flirt ist hier so etwas wie ein Gesellschafts-spiel und der alltägliche Umgangston.

Zuerst irritierte mich das sehr. Wie sollte ich das nur un-terscheiden? Wann war es nur höflich, wann flirtete ein Mann mit einem? Und wie angelt man sich denn nun einen Mann in Frankreich? Das war mir nämlich nach über einem Jahr immer noch nicht gelungen. Ich fragte Julie, die ist mit großer Leiden-schaft immer mal wieder Single und hat einige Erfahrungen ge-macht. Sie hat ständig jemand im Schlepptau, meist wechseln die Typen schnell. Doch alle haben eins gemeinsam. Sie hängen Julie an den Lippen. Sie musste es also wissen.

«Julie, wo findest du die Männer nur immer? Wie schaffst du das?», fragte ich sie neugierig.

«Die *allure* zählt», sagte sie. «Komm mit, ich zeig es dir.»

Sie schleppte mich in Cafés, auf Märkte und zu Partys. Dabei wirkte sie immer sehr selbstbewusst, ein angedeutetes Lächeln auf den Lippen, das mehr versprach – und alle Männer drehten sich nach ihr um. Ich konnte nur staunen und machte mir eine Notiz: Auf die gerade Körperhaltung kommt es also an. Sie re-dete gar nicht viel, sondern ließ nur reden, scherzte ab und zu und lächelte kokett. Manchmal stellte sie auch eine interessier-te Frage oder spornte sie an: «Ach ja, wie interessant, erzähl mehr.» Die Bewunderung gefiel denen ganz offensichtlich.

Julie verriet mir auch einen «ganz sicheren Flirttipp»: ange-sagte Lebensmittelmärkte wie der Biomarkt am Boulevard Ras-pail. «Da findest du die tollsten Männer, chic und trendy.» Ich konnte mir gar nicht vorstellen, dass es auf so einem Biomarkt anders zugehen sollte als auf meinem Nachbarschaftsmarkt. Doch sie hatte recht, es gab tatsächlich mehr Flirtpotenzial, und beim Aussuchen von Artischocken und Gartengemüse konnte ich bestens Rezepte austauschen, gemeinsames Essen nicht ausgeschlossen. Ich hatte schon öfter in Frankreich festgestellt, dass viele Männer sich richtig gut auf die Kochkunst verstehen. Gibt es eine bessere Verführungsmethode? Welche Frau lässt sich nicht gern bekochen? Mehrmals schlich sich einer dieser Meisterköche an mich heran, schaute in meinen Korb und begutachtete Tomaten und Karotten. «Sehr gut gewählt», flüsterte er mir ins Ohr. «Ich kenne da ein Superrezept.» Oder: «Da hinten am Stand gibt es den besten Spargel.» Ich fühlte mich wirklich geschmeichelt durch die Aufmerksamkeit. Nun, es war aber so wie als Kind im Spielzeugladen, wenn die Auswahl zu groß ist, weiß man nicht so recht, was man in seinen Korb packen soll. Schließlich verließ ich den Markt doch allein.

Wo sind die Kumpel?

Gut, das mit dem Flirten hatte ich langsam raus und wusste, wie ich mich verhalte: möglichst geheimnisvoll. Locker plaudern, ohne viel über sich zu verraten. Aber nach einer Weile in Paris interessierte mich eine andere Frage viel mehr. Wo sind die Kumpel? Die, mit denen man zusammen lachen kann, und die einen trösten, wenn man einen schlechten Tag hat, und das alles ohne Hintergedanken. Warum wird ständig geflirtet, können Franzosen und Französinnen nicht gute Freunde sein? Ich hatte zwar meinen Nachbarn Christophe kennengelernt, aber der war eine seltene Ausnahme. Ein Kumpel unter den Flirtern. Sein Ehrgeiz schien zu sein, so viele Frauen als gute Freundinnen wie möglich um sich zu versammeln. Julie und Charlotte bestätigten mir, dass er noch nie versucht hatte, sie anzumachen. Doch sonst sah meine männliche Freundesbilanz nach einem Jahr in Paris sehr mager aus. Nur mit deutschen Kollegen und englischen Bekannten konnte ich locker mal ein Bier trinken gehen.

Ich musste dem Geheimnis auf die Spur kommen und fragte Julie: «Ihr flirtet immer mit den Männern, habt ihr keine männlichen Freunde? Meine besten Freunde in Deutschland waren oft Männer. Ich meine, trefft ihr euch nicht einfach mal so unverbindlich mit einem Mann?»

«Schwierig. Meist knistert etwas mit.»

Das hatte ich wohl schon bemerkt. Aber es musste doch auch anders gehen? Ich wollte einfach nicht verstehen, warum das mit der Freundschaft nicht klappen sollte.

Als ich dann einen weiteren netten Nachbarn kennenlernte, wollte ich schon triumphieren. Mit Antoine ging ich wochenlang Tennisspielen, wir liehen uns gegenseitig Salz und Pfeffer aus und kochten auch mal zusammen. Julie und Charlotte amüsierten sich schon: «Der ist wohl besonders schüchtern.» Doch ich war fest überzeugt, ich hatte einen neuen guten Freund gefunden, zumal Antoine wirklich nicht mein Fall war. Doch eines Abends lud er mich zum Essen ein, in ein ziemlich edles Asienlokal. Das hätte mich schon misstrauisch machen sollen. Wir schlürften ein paar Rosencocktails, aßen dazu Vietnam-Häppchen, Antoine blickte ganz merkwürdig, und dann kam der Moment der Rechnung. Er schnappte sie vom Tisch und legte seine Karte hin. Klar wollte ich teilen, aber er ließ mir keine Chance. Ich musste an Julie denken, die gesagt hatte: «Es gibt keine unschuldigen Essenseinladungen.» Für sie waren die Dating-Regeln ganz klar, das läuft immer nach einem ähnlichen Schema ab. Man trifft sich zum Mittagessen, nimmt einen Drink nach der Arbeit. Dann lädt er sie zum Abendessen ins Restaurant ein. Wenn er sie spätabends nach dem Restaurant bittet, zu sich nach Hause zu kommen, kann sie sicher sein, dass er etwas von ihr will. Sie sollte recht behalten. Als ich mich vor der Haustür verabschieden wollte, fragte er: «Gehen wir noch auf ein Glas zu mir?» Ich lehnte ab: «Morgen muss ich früh arbeiten.» Ich entging ganz knapp der Umarmung. Kumpel Antoine musste ich also zu den Akten legen. Noch zwei- oder dreimal danach machte ich Anläufe, einen guten französischen Freund zu finden, lange Zeit allerdings ohne jeglichen Erfolg. Mittlerweile habe ich ganz gute französische Freunde, aber meist sind es die Männer von Freundinnen.

«*Vive la différence*», es lebe der Unterschied, heißt es in Frankreich. Männer und Frauen sind verschieden und eben keine Kumpel. Damit muss ich wohl leben. Aber auch Frauenabende, wie ich sie aus Deutschland kannte, wo man sich gegenseitig auf die Schulter klopft und sich bestätigt, wie toll man ist, finden die meisten Frauen langweilig. Eher gehen wir mit einigen männlichen Bekannten zusammen aus. Das ist lustiger, findet Charlotte. Sie ist eigentlich schon lange in festen Händen, wie viele meiner Freundinnen, aber das hindert sie keinesfalls an ihrer Lieblingsbeschäftigung, dem Flirten.

Es knistert hier ständig, Verführung liegt in der Luft. Selbst die Nachrichtensprecherinnen im Fernsehen zeigen einen riesigen Ausschnitt, und niemand ist irritiert. Wie zugeknöpft geht es im Vergleich dazu in Deutschland zu. Als Angela Merkel einmal bei einer Opernpremiere einen gewagten Ausschnitt trug, stand Deutschland kopf. Eine meiner deutschen Zeitungen rief mich sogar an und fragte: «Wie ist das denn in Frankreich angekommen?» Gar nicht, das war nicht der Rede wert. Die französischen Medien wunderten sich einen Tag später nur, warum die deutsche Presse darum so ein Aufheben machte. So verführerisch die Französinnen sich in der Öffentlichkeit zeigen, so zimperlich und prüde sind sie allerdings in der Sauna. Denn da tragen alle plötzlich Badeanzug und verstecken sich. Öffentlich zur Schau gestellte Nacktheit ist verpönt und gilt außer am Naturistenstrand als Skandal. Wahrscheinlich weil das nicht verführerisch genug ist.

Gar nicht so gefährliche Liebschaften?

*A*uch wenn die Paare sich erst mal gefunden haben, hört die *séduction* (die Verführung) nicht auf. Das war mir schon bei Charlotte klar geworden. Und natürlich wollte ich auch dem Klischee der Geliebten auf die Spur kommen. Ich hatte schon mitbekommen, dass ständig irgendjemand Gerüchte über Affären in die Welt setzte. Bei den Partys, auf denen ich eingeladen war, hatte ich mehr als genug Gelegenheit zu beobachten, wer um wen herumschlich. So auch bei einer Vernissage, zu der Julie und ich eingeladen waren. Eine gemeinsame Freundin und ihr Mann waren da. Aber halt, wer war die schöne Brünette neben dem Mann? «Eine Kollegin», flüsterte mir Julie zu. Aha, aber warum schmiss die sich dann so an ihn heran? Was dachte der sich nur dabei? Seine Frau stand nur wenige Meter weiter. Der Typ sah ganz geschmeichelt aus und prostete seiner Kollegin mit dem Champagner zu. War das jetzt nur ein Flirt oder mehr? Doch seine Frau schien das alles gar nicht zu irritieren. Sie stand mit einem anderen Typen da, der ihrem Mann recht ähnlich sah. Ein Exfreund, erfuhr ich von Julie. Der war zwar wiederum mit seiner neuen Freundin da, doch ganz offensichtlich viel mehr an seiner Exfreundin interessiert. Ich fühlte mich wie in einem dieser französischen Filme von Eric Rohmer, in denen alle Hauptdarsteller irgendwie ineinander verliebt sind, es um amouröse Verwicklungen geht und wahnsinnig viel geredet wird. Plötzlich sah ich, wie der Ehemann seine Frau mit ihrem Exfreund entdeckte, seine Mundwinkel fielen nach unten, und er wirkte längst nicht mehr so begeistert von der Kollegin wie vorher. Einige Wochen später erfuhren wir: Er hatte tatsächlich was mit seiner Kollegin, doch es war schon wieder aus. Der alte Trick mit der Eifersucht schien funktioniert zu haben. Auch Charlotte wusste etwas zu diesem

Thema zu erzählen: «In dieser Woche war ich wieder mehrmals abends aus. Termine, wie immer. Aber mein Mann scheint sich Sorgen zu machen. Wisst ihr, was er einer Freundin von mir gestern am Telefon erzählte: Charlotte hat doch sicher einen Liebhaber.» Darauf Julie lachend: «Lass ihn doch ruhig etwas zweifeln. Das kann nichts schaden ...»

Gern wird mit den großen Gefühlen gespielt. Leidenschaft und Eifersucht werden inszeniert wie ein Theaterstück. Auf Partys erlebte ich öfter, wie Streitigkeiten lautstark ausgetragen wurden. Einmal flogen sogar Teller, weil sie eifersüchtig war. Wir anderen Gäste konnten uns gerade noch ducken. Mal schrie eine Frau ihren Freund so richtig nach Herzenslust an oder zischte ihre Widersacherin an wie eine Klapperschlange. Das war schon sehr amüsant anzusehen. Gerade die Frauen kommen mir hier manchmal unzurechnungsfähig vor. Wie fremd war das für mich, richtig südländisch. Ich habe leider so gar kein heißblütiges Temperament. Ich ticke nicht aus, wenn man mich nicht beachtet. Ich schmeiße nicht mit Geschirr, nur weil ich eifersüchtig bin. Ich habe meine Tassen schön alle im Schrank und bin meist unkompliziert, beherrscht und gar nicht zickig. Wenn's mal ganz hart kommt, sinne ich lieber still auf Rache, kühl nordisch à la Kriemhild eben. Ach, was würde ich darum geben, wenn es mir doch auch einmal gelingen würde, so impulsiv und aufbrausend zu sein. Ich nahm mir vor, zu trainieren, das gehörte offenbar zum guten Ton dazu. Nicht dass alle Französinnen so feurig wären, meine Freundinnen sind eigentlich ganz vernünftig, deshalb habe ich sie mir auch ausgesucht. Mit denen kann ich ganz normal diskutieren, und sie fallen auch nicht hysterisch über ihre Männer her. Doch leidenschaftlicher sind sie allemal als die meisten Deutschen, die ich kenne. Schon wenn sie etwas erzählen, das sie bewegt, sprechen sie ganz anders. Sie machen öfter mal eine dramatische Pause. Diese Dramatik liegt ihnen, mir leider nicht so sehr.

Doch wie war das nun wirklich mit dem Liebhaber und der Geliebten? Ich fragte mehrere französische Freundinnen, ob sie eigentlich damit rechnen, betrogen zu werden. Jede glaubt, dass die Männer anderer Frauen eine Geliebte haben, aber denkt selbst, verschont zu bleiben. Eine sagte: «Das hoffe ich zumindest, danach habe ich jedenfalls meinen Mann ausgesucht.» Ganz so sicher war sie sich aber wohl doch nicht, sie blickte ihn fragend an. Laut Umfragen ist die Untreue tatsächlich weit verbreitet, 35 Prozent der französischen Männer und 24 Prozent der Frauen geben einen Seitensprung zu. Die *maîtresse* und der *amant* sind eines der bestgehüteten Geheimnisse der Franzosen. Sie haben sogar einen Ausdruck für die Tageszeit der Schäferstündchen, die *cinq à sept* (fünf bis sieben) heißt.

Was sollte ich auch anderes erwarten in einem Land, in dem die wichtigste Beschäftigung der Staatsoberhäupter neben dem Regieren darin besteht, schönen Frauen nachzujagen. Nicolas Sarkozy und seine Frauengeschichten sind da keine Ausnahme. Über seinen Vorgänger Jacques Chirac erzählte man sich auf Partys, er brauche «alles in allem dreißig Minuten, Dusche inbegriffen». François Mitterrand hatte sogar eine Geliebte und eine uneheliche Tochter. Alle wussten es, doch niemand hat darüber geschrieben. Ich erfuhr es ganz zu Anfang meiner Zeit in Paris, erst vier Jahre später gab Mitterrand sein Geheimnis selbst preis. Das Volk nahm die Enthüllung mit einem Achselzucken hin, das Privatleben interessierte sie gar nicht. Und die Franzosen bewunderten auch noch seine Ehefrau, die das alles so tapfer hingenommen hatte. Die Geliebten scheinen hier so etwas wie eine heilige Institution zu sein, sie gehören zum französischen Lebensstil dazu. Ein Skandal wie in den USA um Ex-Präsident Bill Clinton wäre undenkbar. Die Mätressen sind so etwas wie der Federschmuck der Häuptlinge – und welcher Mann möchte nicht auch gern Häuptling sein?

Französische Freundinnen erzählten mir, dass sie ihren Mann deshalb lieber nicht länger als eine Woche allein lassen. Versteht sich, dass allen Konkurrentinnen grundsätzlich zu misstrauen ist. Einige französische Bekannte jedenfalls stellten mir ihren Freund erst vor, als ich selbst nicht mehr Single war. Dann wurde ich zum Abendessen eingeladen: «Du musst unbedingt endlich mal meinen Mann kennenlernen ...» Ja, es wird sorgsam über das gute Stück, den Mann, gewacht. Ständig habe ich das Gefühl, dass die sich im Wettbewerb befinden (glücklicherweise geht mir das bei meinen Freundinnen nie so). Die anderen Frauen sind für sie erst mal *salopes*, Schlampen, vor allem die Single-Frauen. Das wundert mich gar nicht. Denn ich hatte schon so einige Partys erlebt, bei der die Männer attraktive Frauen so offensichtlich anhechelten wie der Dackel einen leckeren Schinken.

Aber auch viele Männer haben offenbar Angst, dass ihnen jemand die Frau wegschnappt. Wenn sie gerade mal nicht anderweitig flirten, hocken viele Paare deshalb zusammen wie zwei Frischverliebte. Er umschlingt sie, sie umschmeichelt ihn. Damit ist klar: Das ist meins. An dieses Klammern bin ich aus Deutschland gar nicht gewöhnt und finde es höchst merkwürdig. Haben die denn plötzlich kein eigenes Leben mehr, nur weil sie ein Paar sind? Viele wagen sich nicht mal mehr allein ohne den Partner aus dem Haus. Dabei will ich meine Freundinnen nicht immer nur im Doppelpack sehen. Die deutschen Männer sind in der Hinsicht wirklich lockerer und nicht so misstrauisch. Doch mir selbst erging es in Frankreich nicht besser als den Französinnen. Hatte ich mal einen Verehrer, fühlte ich mich ständig überwacht. Wollte ich mal Freunde ohne ihn sehen, war er gleich beleidigt. Was für mich normal war, galt als Fauxpas. Auf Partys fühlte ich mich reichlich eingeengt von dem männlichen Klammergriff, das war fast so wie im Aufzug, der stecken bleibt. Dabei hätte ich doch nur gern ungestört mit der einen oder anderen Freundin geplaudert. Ab und zu versuchte ich mal, mich zu befreien: «Ich gehe mir dann nochmal ein Glas holen ...» Doch sofort hieß es: «Warte, ich bringe dir eins mit.» So diskutierten wir dann eben höflich paarweise.

Das Zusammenglucken von Paaren geht bis in die eigenen vier Wände, bis ins französische Bett. Wer einmal – schlecht – in einem französischen Hotelbett übernachtet hat, weiß, was ich meine. 1,40 Meter gilt als Luxus, dazu gibt es eine knallharte Nackenrolle und eine einzige Decke. Damit man die scheußliche Wolldecke nicht berührt, liegt darunter ein Laken. Dieses wiederum ist fest unter die Matratze gesteckt, sodass man Angst hat zu ersticken. Beim Schlafen ist von der vielgerühmten französischen Freiheit nichts mehr übrig. Zieht man das Laken raus, wacht man morgens in einem Wust aus Decke und Laken auf. Kuschelig wie unsere Daunendecken ist das absolut nicht. Und darunter soll man auch noch zu zweit schlafen! Ein Albtraum. Wie schrecklich, wenn man sich gegenseitig die ganze Nacht die Decke wegzieht. Die Franzosen scheinen es zu lieben, eng unter einer Decke zu liegen, auch zu Hause haben sie nur eine Decke. Die müssen sich immer schön im Takt von rechts nach links drehen. Wie die das machen, ist mir schleierhaft. Als ich mal in einer Runde von französischen Freunden davon erzählte, dass ich unbedingt zwei Bettdecken für den geruhsamen Schlaf brauche, freute ich mich schon vorher auf die Reaktionen. Die konnten sich wirklich gar nicht mehr beruhigen und lachten: «Die Deutschen, was für eine Romantik.» Dass manche Paare gar im Hotel zwei einzelne Betten bevorzugen, ist für sie völlig unvorstellbar. Das passt für sie wieder ins Klischee vom kühlen Nachbarn jenseits des Rheins.

Der Macho und die Mademoiselle

$\mathcal{M}$erkwürdig finde ich auch, wie viele Frauen ihren Männern an den Lippen hängen, als sei er das achte Weltwunder. Sie kritisieren ihre Männer kaum und loben sie wahnsinnig viel. Sie fragen oft nach ihrer Ansicht und ihrem Befinden. «Liebling, wie war dein Tag?» Und sie verwöhnen ihn zu Hause mit irgendwelchen Leckerbissen. Bis heute bin ich noch manchmal verwundert, so richtig werde ich die Französinnen, glaube ich, nie verstehen. Meine Freundinnen schmeicheln ihren Männern ständig, wenn wir zusammensitzen: «Ist er nicht toll, mein Mann?», «Ist das nicht eine gute Idee, die hatte mein Mann.» Oder: «Wir sind jetzt 15 Jahre zusammen. Ich habe es nie bereut.» Und dann schmiegen sie sich an ihn heran oder überschütten ihn mit Küssen. Was soll ich dazu sagen? Diese Anbetung ihrer Männer hat etwas Geishahaftes. Das würde ich natürlich nie so offen sagen, mittlerweile habe ich gelernt, nicht mit allem herauszuplatzen, was mir so in den Kopf kommt. Aber man muss mir doch angesehen haben, was ich dachte. Charlotte grinste mich an: «Das würdest du nie machen, oder? Dafür bist du einfach zu zurückhaltend. Deutsch eben.» Zurückhaltung ist hier in Liebesdingen wirklich nicht angesagt. Hören Sie mal Präsidentengattin Carla Bruni oder Schauspielerin und Sängerin Vanessa Paradis zu, wenn die von ihren Männern schwärmen. Das ist aufschlussreich. Die vergöttern sie mit einem unterwürfigen Augenaufschlag, loben sie ausgiebig und sprechen ehrfürchtig von *mon mari* (mein Mann) oder *mon amoureux* (mein Liebster). Das habe ich oft von Französinnen gehört, und es scheint auch noch zu gelten, wenn man schon 20 Jahre verheiratet ist. Ob das die Liebe ewig jung hält?

Selten nervt mal eine Französin ihren Mann: «Du achtest

nicht genug auf mich.» Sie gibt sich eher Mühe, dass sie ihm gefällt, und nörgelt nicht ständig: «Du hast schon wochenlang nicht den Abfall herausgebracht!» Lieber wird der Mann hin und wieder ordentlich angeschrien – Leidenschaft statt kühle Predigten! Das Anschreien ist tatsächlich öfter mal nötig. Denn die Männer scheinen hier von ihren Müttern nach Strich und Faden verwöhnt worden zu sein. Wie soll man den Macho in einen Windelwechsler umkrempeln, das ist wirklich Knochenarbeit. Vielleicht versuchen viele Französinnen es deshalb auch erst gar nicht. Im Gegenteil, sie finden es toll, wenn er männlich ist. In jeder Hinsicht. Ich wurde mal zum Thema Männer von einer französischen Frauenzeitschrift befragt. Die hatten gehört, dass Männer in Deutschland oft im Sitzen pinkeln und sogar von ihren Frauen dazu verpflichtet werden. Die Journalistin wollte sich nicht mehr einkriegen, als ich ihr erzählte, dass ich in Deutschland sogar Schilder auf den Toiletten von Wohngemeinschaften gesehen hatte: «Hier wird im Sitzen gepinkelt.» «*Incroyable*», unglaublich, fand sie das. «*Non*, das würde der französische Mann nie mit sich machen lassen. Das würde ihn in seiner männlichen Ehre kränken.»

Natürlich habe ich auch französische Männer getroffen, für die Haushalt kein Fremdwort ist. Aber nicht gerade sehr viele. Die anderen kränkt Abwaschen wohl in ihrer Ehre. Häufig geht es so zu, wie bei einer französischen Bekannten von mir, bei der ich zum Essen eingeladen war. Sie stand perfekt gekleidet vor dem Herd. Ihr Mann kam gerade vom Tennisspielen nach Hause: «*Chérie*, was gibt es zu essen?» Sie zählte ihm das Menu auf. Ich wartete: Würde er ihr Hilfe anbieten? Nein, er setzte sich erst mal hin und rief: «Bringst du mir ein Glas Weißwein?» Was seine Frau dann prompt – und auch noch mit einem Lächeln – erledigte. Dazu servierte sie Häppchen, während die anwesenden Männer sich unterhielten und neckische Bemerkungen machten. Jetzt fehlten nur noch die Pantoffeln! Die beiden hatten an dem Abend noch einen Freund eingeladen, offenbar für mich. Diese Art Kuppelei ist sehr beliebt. Als Single ist man eine Gefahr, die möglichst schnell aus dem Weg geschafft werden muss. Doch der für mich Vorgesehene ließ sich mit ebenso viel Selbstverständlichkeit von der Hausfrau bedienen, während er immer wieder frech zu mir rübergrinste. Es gibt Männer, die sehen sich einfach immer als den Mittelpunkt der Welt. Ich musste an Carla Brunis Lied *L'amour* denken und summte im Stillen «L'amour, hum hum, pas pour moi» (Liebe nicht für mich). Mir zittern beim French Lover nicht unbedingt die Knie. Was bitte soll ich mit so einem Typen? Nein danke, ich will lieber noch einen Champagner und keinen Macho. Auch die deutschen Männer sind sicherlich keine Haushaltshelden, aber zumindest packen sie ab und zu mit an oder haben zumindest ein schlechtes Gewissen, wenn sie es nicht machen. Ich erzählte später Charlotte von dem Abend und fragte sie: «Warum lässt die sich so ausnutzen?» Charlotte sah das erstaunlicherweise ganz pragmatisch: «Wenn wir uns über alles aufregen würden, hätten wir nie Frieden. Wir sind eher feminin als feministisch.» Das war mir wohl schon aufgefallen.

Allein schon, dass die Frauen sich mit so einer Begeisterung *Mademoiselle* nennen lassen. Das gilt keinesfalls als spießig und frauenfeindlich, sondern wird eher als Schmeichelei aufgefasst. Niemand würde eine unbekannte Frau Madame nennen.

Das Mademoiselle-Prinzip oder wie ich dem französischen Fräuleinwunder begegnete

Bevor ich nach Paris kam, hatte mich jahrelang niemand mehr «Fräulein» genannt, vielleicht das letzte Mal, als ich 15 Jahre alt war. Doch in meinem Supermarkt in Paris sagte die Kassiererin immer «*Au revoir, Mademoiselle*» zu mir. Mademoiselle? So jung sah ich nun auch nicht aus, obwohl ich mal wieder Turnschuhe trug. Ach, was fühlte ich mich geschmeichelt, gleich um einige Jahre jünger. Ständig werde ich hier zur Mademoiselle. Regelmäßig muss man sich auf Formularen entscheiden, ob man Madame oder Mademoiselle ist – und das bis ins hohe Alter. Das mag manch einer als Affront werten. Nicht die Franzosen. Ein paar Feministinnen haben schon häufiger versucht, den Begriff aus offiziellen Dokumenten zu verbannen. Ohne Erfolg. Das französische Fräuleinwunder fühlt sich offenbar durch nichts so geschmeichelt wie durch das «Mademoiselle», das wirkt jung und verführerisch. «Mademoiselle», so sprechen einen auch ständig die Männer an. Das ist sozusagen der Auftakt zum Flirt.

Wer etwas auf sich hält, besteht darauf, Mademoiselle genannt zu werden. Wer würde sich in Deutschland schon noch Fräulein nennen lassen? Das wagt doch kaum noch jemand zu sagen, außer ältere Herren vielleicht. Als ich einmal Mireille Mathieu interviewte, flüsterte ihr Agent mir vorher zu: «Nennen Sie sie Mademoiselle.» Das kam mir doch etwas schwer über die Lippen, denn die Sängerin war immerhin schon über 60 Jahre alt. So lassen sich auch Schauspielerinnen wie Catherine Deneuve und Anouk Aimée, weit über 70 und schon viermal verheiratet, immer noch gern Mademoiselle nennen. Auch Sängerin Vanessa Paradis (zwei Kinder) und Ségolène Royal (vier Kinder) werden ganz selbstverständlich Mademoiselle genannt.

Frauenfeindlich ist das auf keinen Fall. Mademoiselle ist chic. Designerin Coco Chanel ließ sich gern Mademoiselle nennen. Auch als Parfumname klingt «Coco Mademoiselle» gut. Man stelle sich bloß mal vor, ein Parfum würde Fräulein Joop oder Fräulein Escada heißen. Ja, Mademoiselle klingt einfach *oh là là*, nach Dessous und Champagner, Fräulein nach Bettjäckchen und Gesundheitstee.

Die Rollen sind ziemlich klar verteilt. Als Mann darf man sich wie ein Macho verhalten, als Frau bleibt man immer das Fräulein. Laut Umfragen kümmern sich die Französinnen neben ihrem Job auch noch zu 80 Prozent um Haushalt und Kinder.

Statt auf Gleichberechtigung zu pochen, dürfen die Damen eher pikante Witze reißen. Das kommt besser an. Die Frauenbewegung der siebziger Jahre scheint gar nicht stattgefunden zu haben. Der Krieg der Geschlechter hat Frankreich nie erreicht. Bis heute handele ich mir für meine spitzen Bemerkungen gegenüber Männern, die faul am Tisch sitzen, wenn die Frauen abräumen, böse Blicke ein. Daran werde ich mich wohl nie gewöhnen können. Aber warum wirken die Frauen dennoch so unabhängig? Warum bekommen sie so viele Kinder und pochen doch nicht auf Ehe?

Als ich mit Charlotte eines Abends im Café Costes mit seinen braunen barocken Sofas und lauschigen Séparées saß, einem der Pariser Flirt-Hotspots überhaupt, in dem sich auch Johnny Depp und Vanessa Paradis an der Bar kennengelernt haben sollen, kamen wir auf das Thema. «Schau dich doch mal um», sagte Charlotte. «Keine Frau spricht einen Mann an, das gehört sich einfach nicht. Der Mann muss um sie werben.» Ja, das passte zu dem Bild, das ich mir von Frankreich gemacht hatte. «Wir wollen den Männern gefallen», fuhr Charlotte fort. Das wollen wir deutschen Frauen natürlich auch. Aber spielen wir deshalb alle das Weibchen? Hier hat keine Frau ihre weiblichen Attribute aufgegeben. Noch heute heißen die Frauen deshalb *Madame* LE (der) *Ministre* – und niemand nimmt Anstoß daran. Kaum einer meiner deutschen Freundinnen würde wohl einfallen, so offensichtlich ihren Mann zu umschmeicheln, wie ich es in Frankreich erlebt habe.

In einer Latzhose konnte ich mir die Französin wirklich nicht vorstellen. Auch in den siebziger Jahren während der Frauenbewegung blieb die Französin elegant. Lila Latzhosen und überdimensionale selbstgestrickte Wollpullover kamen selbst damals nicht in Frage. Die Französin blieb Frau und hätte nie auf Make-up verzichtet. Das Bild der engagierten deutschen Frauen von damals mit ihrer Rebellion gegen die Weiblichkeit hat sich bis heute in Frankreich gehalten. So fragte mich Charlotte an dem Abend doch tatsächlich: «Gibt es immer noch so viele deutsche Frauen, die sich nicht die Beine rasieren?» Das ist in Frankreich völlig undenkbar, dann würden die ganzen Schönheitssalons Pleite machen.

Erstaunlich, dass die Französinnen sich selbst immer als besonders modern beschreiben, so auch Charlotte: «Weiblich zu sein will nicht heißen, dass wir uns alles gefallen lassen müssen. Wir sind unabhängig. Frauen halten es nicht unbedingt für notwendig, sicherheitshalber zu heiraten, wenn die Kinder kommen.» Da hatte sie auch wieder recht. In Frankreich werden mittlerweile über 50 Prozent der Kinder unehelich geboren, in Deutschland nur etwa 30 Prozent. Ob ich in Deutschland verheiratet wäre, wer weiß. Hier jedenfalls bin ich es nicht, wie viele meiner Freundinnen. Sozialistin Ségolène Royal mit ihren vier Kindern hat auch nie geheiratet. Viele Frauen kümmern sich nicht um die Konventionen, wie etwa die ehemalige Justizministerin Rachida Dati, die ihr Kind ohne Vorzeigemann bekam. Schon Catherine Deneuve scherte sich vor Jahrzehnten nicht darum, was andere dachten. Sie hat zwei Kinder und nie geheiratet.

Charlotte ist tatsächlich unabhängig. Mit ihrem Job als Unternehmensberaterin ist sie nicht auf ihren Mann angewiesen. Alphamädchen würde man so etwas wohl in Deutschland nennen. Hier ist sie einfach eine ganz normale Karrierefrau mit Ehrgeiz, die auch im Job nichts gegen Make-up, Lippenstift, zarte Kleidchen und Pumps hat. Wer attraktiv aussieht, muss sich nicht ständig anhören: «Mit wem hat die sich hochgeschlafen?» Und wenn schon, gegen die Waffen der Frauen hat in Frankreich garantiert niemand etwas einzuwenden.

Pech nur für die Französin, dass es zu Hause ganz anders läuft. Selbst Charlotte, deren Mann öfter mal kocht und sich um die Kinder kümmert, hat neben dem Job noch die ganze Haushaltslogistik am Hals, obwohl sie natürlich eine Putzfrau und Babysitter hat. Fehlt Milch? Muss ein Kind zum Arzt? Beide Eltern haben abends noch einen Termin? Meist ist doch sie es, die alles organisiert. Ja, mir tun viele Französinnen oft auch leid. Sie rackern sich beim Job ab, kommen nach Hause und schuften weiter, sie sind gleichzeitig Karrierefrau, Mutter und verführerische Geliebte. Ich frage mich immer, wann die ganz gemütlich auf dem Sofa liegen und die Beine baumeln lassen.

Ich nahm mir jedenfalls vor, nie so zu werden. Niemals! Jetzt wollen Sie sicher wissen, warum ich trotzdem noch immer in Frankreich lebe, abgesehen davon, dass ich gern gut esse. Wie sollte es anders sein, für *l'amour* natürlich. Und das, obwohl ich nach fast vier Jahren in Paris doch eine ganz klare Vorstellung von den französischen Männern zu haben glaubte. Das dachte ich auch noch, als ich bei Freunden auf einer Party Vincent traf, der mir gleich wegen seiner netten Augen aufgefallen war. Er war ein alter Freund von Charlottes Mann Philippe, und Charlotte hatte mir schon häufiger gesagt: «Du musst unbedingt Vincent kennenlernen, der würde dir sicher gefallen.» Auf der Party stellte sie uns dann vor. Er war charmant, aber nicht auf diese überfallsähnliche Art, wie ich es oft schon in Frankreich erlebt hatte. Er widersprach perfekt dem Bild, das ich mir von den Franzosen gemacht hatte, auch wenn er mit seinen dunklen Haaren und dunklen Augen äußerlich schon wie ein echter Franzose aussah. Also erst mal wollte er sich unterhalten und schleppte mich nicht gleich auf die Tanzfläche zum Paartanzen, darauf sind die Franzosen sonst total verrückt. Sie schnappen einen immer sofort und tanzen dann *le rock,* das ist so eine Art Rock'n'Roll für Anfänger. Und das konnte ich noch nie. Ich trete den Männern immer auf die Füße. Insofern war ich heilfroh, dass mir das erspart blieb.

Vincent flirtete anfangs auch nicht auf Teufel komm raus, ich konnte mit ihm richtig diskutieren, fast so wie ich es aus Deutschland gewöhnt war. Auch machte er keine schnulzigen Komplimente oder sang mir romantische französische Lieder ins Ohr, stattdessen brachte er mich zum Lachen und konnte auch gut zuhören, was ich bisher nie als Stärke der französischen Männer empfunden hatte. Ich meine, er hörte wirklich zu und tat nicht nur so, um sich bei mir einzuschmeicheln. Ich hatte mir offenbar einen richtig netten Franzosen geangelt. Wir gingen nach der Party häufiger aus, und ich fand es ganz erfrischend, dass ich zur Abwechselung meine Rechnung mal wieder teilen durfte und er sich nicht ständig bemühte, mir in den Mantel zu helfen. Denn dieses ganze galante Getue war auf die Dauer doch eher mühsam. Besonders deshalb, weil man sich bei den Männern auch noch immer bedanken muss, und wer hat dazu schon Lust? Noch etwas vermerkte ich positiv: Auf Partys hatte ich nicht immer den Klammergriff um den

Hals und konnte auch mal mit anderen plaudern. Ich atmete auf.

Er führte mich in die Pariser Künstlerwelt ein, kannte die Off-Theater und ihre Schauspieler und die junge Musikszene, eine Welt, die ich nach den vielen Luxuspartys, die ich schon erlebt hatte, richtig erfrischend und unkompliziert fand. Hier kam es endlich weniger auf die Etikette an. Nach einigen Monaten hatte er mich überzeugt. Das war ein Franzose, mit dem ließ es sich aushalten. Sollte ich mich überhaupt geirrt haben? Waren doch nicht alle Franzosen galante Schwerenöter, die nur darauf aus sind, eine Frau nach der anderen zu erobern? Ich musste zugeben: In diesem Fall lief es vielversprechend an.

Und so wagte ich es doch tatsächlich, mit einem Franzosen zusammenzuziehen – wenn auch erst einige Jahre später. Jetzt musste ich nur noch Vincents Haushaltstauglichkeit auf die Probe stellen, auch deshalb, weil es mit meiner noch nie so weit her war. Das stellte sich allerdings schon etwas schwieriger dar. Ja, ich kann wohl sagen, ich habe mehrere Jahre lang ideologisch gekämpft, dass der Abfall rausgebracht wird und der Kühlschrank ab und zu von jemand anders als mir gefüllt wird. Oft habe ich mir damit Ärger oder Ablehnung eingehandelt: «Du mit deinen Prinzipien.» Nein, ich war nicht dogmatisch, ich wollte mich nur nicht so abrackern wie viele Französinnen um mich herum. Ich lag durchaus auch gern mal entspannt auf dem Sofa, weshalb das bei uns immer heiß umkämpft ist.

Kurz und gut: Einiges habe ich durchgesetzt, anderes nicht. Und mir dabei auch etwas von den Französinnen abgeguckt, um nicht ständig in den Fettnapf zu treten. Ich habe dazugelernt, mache mitunter auch mal ein Kompliment oder Zugeständnis, das wirkt Wunder. Und wenn ich irgendetwas unbedingt durchsetzen will, gehe ich nicht mehr direkt auf Oppositionskurs und poche nörgelnd auf Gleichberechtigung.

Das geschickte Manipulieren der Französinnen lohnt sich. Ich lasse ihn gern denken, dass eine Idee von ihm stammt. Dann ist sie natürlich automatisch besser, versteht sich. Nur das mit den temperamentvollen Tellerwürfen habe ich bis heute noch nicht raus, dabei leben wir schon über zehn Jahre zusammen und haben mittlerweile zwei Kinder. Aber man sollte die Hoffnung nie aufgeben.

KAPITEL 13

Parc à bébé – Kinderparadies Frankreich

Maman in Frankreich

*W*as, du hast dich noch nicht bei einem Krankenhaus angemeldet?», rief Charlotte entsetzt, als ich ihr erzählte, dass ich im zweiten Monat schwanger war. «Dann aber mal los. Die besten Krankenhäuser sind schon ausgebucht.» Ich war zum ersten Mal schwanger und hatte noch keine Ahnung, wie das in Frankreich lief. Und dann gleich so ein Stress. Das fing nicht gut an. Dabei hatte ich mir vorher gar keine Sorgen gemacht. Im Gegensatz zu vielen deutschen Bekannten in Paris hielt ich es nicht für nötig, auf Geburtsurlaub nach Deutschland zu fahren, damit es vielleicht etwas gemütlicher und vertrauter wird. Schließlich war ich zu dem Zeitpunkt schon acht Jahre in Paris und fühlte mich fast als Französin. Deshalb sollte auch mein Kind in Paris zur Welt kommen. Das sah ich ganz pragmatisch, schließlich gab es hier genug Krankenhäuser. Tatsächlich hatten die Schwestern in dem Krankenhaus, das ich mir in meiner Nähe ausgesucht hatte, schon eine lange Warteliste, als ich anrief. Ich bekam gerade noch einen der letzten Plätze für meinen Termin. Denn alle wollen in ein Krankenhaus, das hochspezialisiert ist. Die Franzosen setzen in der Hinsicht lieber auf Sicherheit. Kuschelkrankenhäuser sind im Gegensatz zu Deutschland absolut nicht gefragt.

Genauso wenig wie natürliche Geburten, das wurde mir schon in meinem Geburtsvorbereitungskurs klar. Ich hatte gehofft zu lernen, wie man Wehen ganz entspannt wegatmet. Ich stellte mir das Ganze wie einen Yogakurs oder autogenes

Training vor, so hatten mir das jedenfalls meine deutschen Freundinnen immer beschrieben. In einem winzigen Raum im Krankenhaus lagen wir dann allerdings nicht auf Matten, sondern saßen steif eng nebeneinander auf Stühlen. Ich war gespannt, wie sollten wir hier unsere Gymnastik machen? Doch die Frauen wollten ohnehin nur reden, vor allem über die Geburt. Auf das Thema natürliche Geburt reagierten alle neben mir so schockiert, als würde man von ihnen verlangen, sich nicht mehr die Beine zu rasieren. «Wie gruselig, stundenlang in den Wehen zu liegen. Und warum das alles?», sagten sie. Wie schön gemütlich wäre es doch stattdessen mit einer PDA, der Periduralanästhesie, aufs Kind zu warten. Deshalb war auch die größte Angst der anderen Schwangeren, dass der Narkosearzt zu viel zu tun hat und sie ewig lange die Wehen ertragen müssen. Sie wollten in dem Kurs lieber gar nicht erst lernen, die Wehen wegzuatmen.

Weil ich nun mal in Frankreich war und etwas zimperlich bin, was Schmerzen angeht, sah ich gar nicht ein, warum ausgerechnet ich die Heldin spielen sollte. Ich entschied mich also, ohne lange nachzudenken, die französische Geburtsvariante auszuprobieren. Auf den Geburtsschmerz können die Französinnen gut und gern verzichten. Wie sieht das denn auch aus, wenn das Gesicht schmerzverzerrt ist? Ganz ernsthaft sagte doch eine Frau in meinem Kurs: «Ich möchte auch bei der Geburt schön für meinen Mann sein.» So beginnen französische und deutsche Unterschiede – ob man es glaubt oder nicht – schon im Mutterleib und bei der Geburt. Frankreich ist zusammen mit Irland der Geburtenchampion in Europa, aber wie geht es wirklich im angeblichen Kinderparadies zu? Ich habe das hautnah erlebt.

Logisch, dass es auch nicht gut aussieht, wenn man kugelrund wird und der Minirock nicht mehr passt. Mehr als die besagten neun Kilo in der Schwangerschaft zuzunehmen, das gehört sich einfach nicht. Deshalb hatten die Frauen um mich herum ruck, zuck nach ihrer Schwangerschaft wieder ihre Traumfigur. Ihre Ratschläge schlug ich in den Wind, Zeit für die Diät hatte ich danach sicher mehr als genug. Ich hatte Heißhunger auf Chips und Kuchen und deshalb die neun Kilo schon im sechsten Monat drauf. Nichts passte mir mehr. Meine Freundin Charlotte dagegen trug fast bis zum Ende elegante Kostüme. Aber sie war schließlich Französin. Doch was hatte die für eine Panik, auch in der Schwangerschaft schlank und attraktiv zu bleiben! Ich bedauerte sie fast. Sie mich aber wohl auch. Manchmal musterte sie meinen Kugelbauch so seltsam von der Seite. Das war mir ganz egal. Mir ging es verdammt gut, schließlich suchte ich mir in Frankreich alles sozusagen *à la carte* aus. Die gemütliche deutsche Schwangerschaft ohne überzogenes Schlankheitsideal und die bequeme französische Geburt mit PDA. Nina schien schockiert darüber zu sein, dass ich absolut keine natürliche Geburt wollte. «Hoffentlich bereust du das nicht mal und denkst, du hast etwas verpasst», warnte sie mich. Später konnte ich sie beruhigen, verpasst hatte ich gewiss nichts.

Nach der Geburt war ich dann aber wieder ganz einer Meinung mit den Deutschen.

Stillen wollte ich unbedingt, schon wegen der Abwehrkräfte. Doch im Krankenhaus in Paris versuchten die immer wieder, mir mein Kind zu entreißen und ihm eine Flasche zu geben. «Madame, ruhen Sie sich doch etwas aus. Die eine oder andere Flasche macht doch keinen Unterschied», sagte die Schwester zu mir und hatte das Fläschchen schon gewärmt. «Wenn Sie erst mal zu Hause sind, wird es noch anstrengend genug.» Die Krankenschwestern verstanden überhaupt nicht, warum ich so hartnäckig war.

Die Französinnen dagegen sind froh, wenn sie ihnen nachts ihr Kind überlassen können. Stillen? Das ist ohnehin nicht so ihre Sache. Bloß nicht, höchstens ein paar Tage, sonst verformt sich der Busen, und außerdem verschmutzt das die edlen Seidenblusen. Als ihr Sohn geboren war, wollte Charlotte möglichst schnell wieder unabhängig werden. Nach einem Monat Alibi-Stillen entschied sie: «Jetzt reicht's.» So wichtig sei Stillen doch wohl auch nicht. Richtig unheimlich schien ihr das fast zu sein. Und sie hatte noch einen wichtigen Grund, warum sie möglichst schnell davon befreit werden wollte. Sie war fest überzeugt: «Erst wenn man aufhört zu stillen, wird man die Kilos los.» Überhaupt, wer drei Monate beim Stillen durchhält, hat die gallische Muttermedaille verdient. Die Einstellung zum Kind fand ich ganz schön pragmatisch. Charlotte gab das Stillen auch deshalb auf, weil sie auf ein großes Fest ohne Kinder eingeladen war. Klar doch, dass sie ihr schickes Bustierkleid mal wieder ausführen wollte, und das ging nur, wenn sie schnell abstillte. So einfach ist das, und niemand droht mit dem erhobenen Zeigefinger.

Was musste ich mir dagegen bei meinen Deutschlandbesuchen immer wieder alles anhören: Schafsfelle sind toll, die geben Geborgenheit. Windsalbe ist wunderbar gegen Blähungen. Groß und gut gefedert müssen Kinderwagen sein. Doch wie sollte ich mit so einem teutonischen Model die engen Pariser Bürgersteige befahren? «Was, du gehst gleich wieder arbeiten?», fragte Nina schockiert. «Wie soll das Kind dann Geborgenheit erfahren?» Und wie wollte ich sicher sein, dass es in der Krippe oder bei einer Tagesmutter wirklich gut behandelt wird? «So ein kleines Wesen kann sich doch noch gar nicht ausdrücken.» Nina war auch gerade Mutter geworden und wollte ein bis zwei Jahre zu Hause bleiben.

War ich heilfroh, dass ich in Frankreich ohne diese überzogenen Ansprüche lebte. Jede macht es eben so, wie sie es für richtig hält. Es gibt keinen moralisierenden Ton, keine Ermahnungen, keine endlosen Ratschläge, keine eisernen Prinzipien. Niemand langweilte mich mit Geschichten über Milchpumpen, Stillen und Naturgeburten. Das Leben als Mutter in Frankreich fing nach dem ersten Krankenhausschreck ganz locker an, ich fühlte mich wie im Paradies und bemitleidete meine deutschen Freundinnen. Keine beäugt hier die anderen Frauen misstrauisch, wie sie das mit ihrem Kind organisieren. Charlotte schickte auch gern mal den Babysitter auf den Spielplatz, während sie ins Schönheitsstudio ging. In Frankreich gab es zu meiner Erleichterung auch kein Zusammenrotten von Müttern in Krabbelgruppen, wo dann nur über die Kinder geredet wurde. Ich habe überhaupt keine Krabbelgruppe gefunden, weil die Mütter ohnehin alle wieder arbeiten gehen. Die Kinder krabbeln in der Krippe.

Kinder oder Karriere – à la française

*D*ie Frage, die man in Deutschland ständig hört: «Und, wie lange gehst du in den Erziehungsurlaub?», ist hier völlig tabu. Das blieb mir glücklicherweise alles erspart, und so ging ich einige Monate nach der Geburt tatsächlich wieder arbeiten, beim ersten Kind voll, beim zweiten Teilzeit. Schade nur, dass ich keine Französin war und es einfach nicht schaffte, so locker zu sein. Mit meinen deutschen Prinzipien machte ich es mir selbst schwer und hatte oft ein schlechtes Gewissen – besonders wenn ich mal wieder mit Nina sprach.

Im Gegensatz zu Deutschland ist es ganz normal, dass Mütter arbeiten – auch Vollzeit. Das würde niemand in Frage stellen. Niemand hier verlangt von mir, dass ich mein vorheriges Leben ganz aufgebe und ausschließlich an die Kinder denke. Dadurch wurde mir das Kinderkriegen viel leichter gemacht. Kein Wunder, dass Frankreich eine Geburtenrate von zwei Kindern pro Frau hat, Deutschland dagegen liegt mit 1,37 weit zurück und ist eins der EU-Schlusslichter. Kind oder Karriere? – diese fatale Frage stellt sich in Frankreich niemand. Denn die Betreuungsstruktur von der Krippe über die kostenlose Vorschule ab drei Jahren bis zur Ganztagsschule ist perfekt. Deshalb sind 80 Prozent der französischen Mütter mit zwei Kindern berufstätig. In Deutschland arbeiten fast die Hälfte gar nicht und wenn, dann oft nur in Teilzeitjobs. Jedes Mal wenn ich an die vielen Mütter in Deutschland dachte, die außer Kindern und Keksebacken jahrelang nicht mehr viel erleben, freute ich mich über mein Glück, in Frankreich gelandet zu sein.

In Deutschland bedauere ich die Mütter, doch hier haben die Kinder nichts zu lachen und das schon, sobald sie in die Krippe kommen und die Mütter wieder arbeiten. Der Tagesablauf ist strikt durchorganisiert. Krank werden? Schnell mal ein Antibiotikum reingestopft. War nur ein Virus? Egal, sicher ist sicher. Bloß nicht krank werden, damit *chéri* in die Krippe und *maman* zur Arbeit kann. Und immer wird gehetzt. Ich dagegen versuchte es mit Wadenwickeln und Homöopathie, und das braucht natürlich seine Zeit. In der Hinsicht bin ich bis heute ganz deutsch geblieben. Meine französischen Freunde wundern sich seit Jahren über meinen winzigen Arzneischrank und können sich kaum vorstellen, dass meine Kinder meist ohne Antibiotika gesund werden.

Mit meinen Kindern entdeckte ich auch die französischen Ärzte, und das ist wirklich ein Erlebnis. Die Arztbesuche hier sind gewöhnungsbedürftig. Oft besteht das Wartezimmer nur aus einem fensterlosen Raum, und darin wird dicht auf dicht gehustet. Es riecht beim Arzt nicht so antiseptisch wie bei uns, sondern eher wie in der U-Bahn. Die vorsintflutlichen Behandlungsstühle sind oft zerschlissen, die abgefledderten Zeitschriften stammen aus dem letzten Jahrtausend, und manchmal liegen die Instrumente in Tupperdosen eingeweicht im Badezimmer. Ehrlich, habe ich alles schon erlebt. Nicht alle Ärzte sind natürlich so, aber wer etwas Besseres will, muss eben in die teuren Viertel gehen und mehr Geld ausgeben. Komfort darf man sonst nicht erwarten. Der einzige Arzt in meinem Viertel, der weniger verschreibt, hat keine Sekretärin, die die Tür öffnet, und macht alles selbst. Einen weißen Kittel haben ohnehin wenige, stattdessen olle Jacketts. Die tragen in der Praxis auf, was sie schon längst nicht mehr zu Hause anziehen. Mein Hausarzt kassiert auch selbst, gerne bar. Ich hoffe nur, dass er sich danach die Hände wäscht! Und in sein Badezimmer möchte ich lieber gar nicht gucken.

Immer wenn ich mit meinen Kindern von einem französischen Arzt komme, habe ich eine große Einkaufsliste in der Hand – alles geht auf Kosten der staatlichen französischen Krankenkasse. Fiebersenkende Medikamente, Zäpfchen, Hustensaft, Halstabletten und natürlich Antibiotika. Ja, ein guter Arzt, der lässt sich hier beim Verschreiben nicht lumpen, das erwarten seine Patienten von ihm. Die Apothekenschränke in den Wohnungen sind deshalb auch knallvoll und die staatliche Krankenkasse hochverschuldet. Mehrmals habe ich die Ärzte gewechselt, aber hier scheinen alle regelrecht verschreibungswütig zu sein. Deshalb gibt es an jeder Ecke eine Apotheke, und die Leute stehen trotzdem Schlange.

Ruhepausen sind für Kinder in Frankreich nicht nur bei Krankheit eine Rarität. Der Tag ist für sie oft unendlich lang und Kuscheln mit den Eltern selten angesagt. Charlotte kommt von der Arbeit meist erst nach Hause, wenn ihre Kinder schon schlafen. Ich wollte sie nicht so direkt fragen: «Hast du keine

Schuldgefühle?» Die hätte ich nämlich. Doch Nina kannte keine Gnade und stellte die Frage, als wir uns mal mit Charlotte trafen und die von ihrem Tagesablauf erzählte. Charlottes Gesicht war ein einziges Fragezeichen. Sie verstand das überhaupt nicht. Die Frage hatte ihr noch nie jemand gestellt. Sie antwortete ganz pragmatisch: «Meine Kinder sind doch gut aufgehoben.» Von Urvertrauen hatte Charlotte noch nie etwas gehört, nicht einmal in ihrer Studienzeit in Deutschland. «Urwaldwas?», fragte sie. Nina war doch etwas schockiert.

Ich bewundere die französischen Mütter um ihre Leichtigkeit, auch wenn ich sie oft rücksichtslos finde. Sie müssen nicht ständig Kuchen backen, auf jeden Baby-Piepser achten und ihre ganze Zeit in die kindliche Erziehung stecken. Krippen und Fremdbetreuung sind hier allgemein akzeptiert und das schon mit drei oder vier Monaten. Staatserziehung war nie tabu, weshalb es schon seit weit über 100 Jahren Ganztagsvorschulen gibt. Ständig laufe ich deshalb Karrierefrauen mit mehreren Kindern über den Weg. Die Sozialistin Ségolène Royal mit ihren vier Kindern ist das Paradebeispiel. Das geht hier, weil nicht so viel Aufhebens ums Kind gemacht wird. Ja, Frankreich ist ein Elternparadies, wenn man es schafft, das Ganze locker anzugehen.

Nach deutschen Vorstellungen bin ich absolut keine Idealmutter. Ich habe meine beiden Kinder in die Krippe geschickt und auch die Ganztagsvorschule nicht ausgelassen. Das geht hier auch gar nicht, weil fast 100 Prozent der Eltern ihre Kinder hinschicken. Allerdings bin ich immer eine der Ersten, die ihre Kinder abholt. Da zeigt sich doch das deutsche Erbe. Ich habe mich irgendwo zwischen Deutschland und Frankreich installiert. Aber ich bin froh, dass ich nicht die Alleinunterhalterin für meine Kinder spielen muss. Dieser Anspruch – was für ein Stress! Zu Hause hätte ich meine Kinder zwischen Kochen und Putzen beaufsichtigt, in der Krippe tobten die sich mit ihren Freunden aus. Meine Tochter Marie und mein Sohn Anton schienen sich unter den Gleichaltrigen immer wohl zu fühlen, warum sollten sie sich bei mir zu Hause langweilen? Noch sieben Jahre nach ihrer Krippe trifft sich Marie mit ihrer besten Krippenfreundin, die sie mit einem Jahr kennengelernt hat.

Sicherlich habe ich nicht immer Zeit, stundenlang mit meinen Kindern zu spielen. Manchmal bin ich auch viel zu hektisch, das bleibt leider nicht aus, wenn morgens das Anziehen zu lange dauert und mir die Zeit wegläuft. Manchmal meckern meine Kinder auch darüber. Doch meine französischen Freundinnen wundern sich immer über meine Zweifel: «Du verbringst viel mehr Zeit mit deinen Kindern als wir.» Für die Deutschen bin ich die Rabenmutter, für die Franzosen die teutonische Glucke, die ihre Kinder verhätschelt.

Die Mütter gönnen sich hier auch mal Zeit für sich selbst und haben nicht Angst, beim Spaßhaben ertappt zu werden. Morgens um 8.45 Uhr im Café neben der U-Bahn und dem Zeitungskiosk treffe ich sie immer. Wenn sie die Kinder in die Schule gebracht haben, ist bei einem Kaffee Zeit für einen Plausch mit den Freundinnen. Kürzlich schickte mir Charlotte sogar am Sonntagmorgen mal eine SMS: «Bin gerade beim Friseur und der Pediküre, kommst du heute Nachmittag mit mir Kaffeetrinken?» Statt morgens in Jogginghose durch die Wohnung zu schlurfen, mit den Kindern zu spielen oder laufen zu gehen so wie ich, brachte sie sich ganz französisch wieder in Form. Ich wundere mich heute über gar nichts mehr und schon gar nicht darüber, wie die Mütter es schaffen, sich immer so rauszuputzen. Ich nehme mir das auch immer mal wieder vor, mich mit mir selbst zu beschäftigen. Warum kommt mir nur immer was dazwischen?

Erstaunlicherweise finde ich hier trotzdem alles viel kinder-freundlicher als in Deutschland. Kinder gehören überall dazu. Sie werden mit auf Partys geschleppt, in Museen und in Restaurants und nicht nur zu McDonald's, damit sie gleich von Kind an die französische Esskultur schätzen lernen. Wenn ich sie mit ins Restaurant nehme, schaut mich niemand am Nebentisch genervt an. In den Zügen gibt es auch keine Mutter-Kind-Abteile, wo die Kinder herumtoben können, damit niemand im Großraumwagen Anstoß an den Kindern nimmt. Ich habe auch noch niemand darüber lamentieren hören, dass Kinder so teuer sind. Schließlich gibt es nicht nur gute Betreuung, sondern auch erhebliche Steuererleichterungen für Kinder. Deshalb laufen hier wohl auch so viele rum. Meine Freundinnen haben alle zwei oder drei Kinder. «Ob zwei oder drei, das macht dann auch keinen Unterschied mehr», sagte Charlotte. Können Sie sich diese Einstellung in Deutschland vorstellen?

Warum bekommen Frankreichs Frauen so viele Kinder?

Der Staat organisiert alles, von Krippen bis zu erheblichen Steuererleichterungen – damit die Frauen mindestens zwei Kinder bekommen. Vorschulen gibt es schon seit Ende des 19. Jahrhunderts, ebenso wie Ganztagsschulen.

Das Einkommen einer Familie wird durch die Anzahl der Köpfe in der Familie geteilt, es gibt einen Familienquotienten und nicht nur ein Ehegattensplitting. Eine durchschnittlich verdienende Familie mit drei Kindern zahlt deshalb kaum Steuern.

Tagesmütter und Putzfrauen können bis zu 50 Prozent von der Steuer abgesetzt werden, die Vorschulen, in denen alle Kinder einen gesetzlich garantierten Platz ab drei Jahren haben, sind kostenlos bis auf das Mittagessen.

Außer den Krippen für rund 20 Prozent der Kinder gibt es ein staatlich organisiertes Netz von Tagesmüttern.
Beruf und Familie können dadurch gut vereinbart werden, weshalb auch Karrierefrauen nicht davor zurückschrecken, Kinder zu bekommen. Ein Kind bedeutet kein so großes Opfer.

Die perfekte Organisation mit Krippen und Vorschule hat allerdings auch eine Kehrseite, wurde mir schnell klar. Wie bei Charlotte ging es bei vielen meiner Freundinnen zu. Sie kümmerte sich trotz ihres Jobs um die ganze Organisation von Kindern und Haushalt, brachte meist die Kinder in die Krippe und die Schule und holte sie ab, wenn sie krank waren. «Bei Frauen wird das geduldet, bei Männern ist das schwieriger», erklärte sie mir. Ich war empört. Wie konnte sich meine sonst so emanzipierte und im Beruf erfolgreiche Freundin das nur bieten lassen? «Ich habe keine Lust, mich ständig rumzustreiten. Dann soll lieber die Putzfrau öfter kommen», sagte Charlotte. Ich hatte dabei allerdings das Gefühl, dass sie es ganz normal fand, wenn ihr Mann weniger im Haushalt half. Nun, ich fand das absolut nicht. Deshalb versuchte ich meinen Freund öfter mal zum Mithelfen zu ermutigen. Doch mein «Genörgel», wie Vincent es nannte, kam nicht so gut an. «Hab dich doch nicht so, sei doch nicht so schrecklich feministisch», gab er zurück und fügte manchmal zu meinem Ärger auch noch dazu: «Typisch deutsch. Wir sind eben anders aufgewachsen.» Stimmt. Ich schaute mich in den Familien um und war überrascht: Die Mädchen werden viel mehr zur Hausarbeit angehalten als die Jungen. Die sind hier in der Hinsicht mindestens eine Generation zurück. Und so bleiben die typischen Rollen wunderbar erhalten. Über die Jahre allerdings hatte mein Genörgel dennoch einen gewissen Erfolg. Vincent entdeckte den Großeinkauf und das Kochen und macht die besten Pommes, die ich je gegessen habe. Aber vielleicht hat er das auch nur übernommen, weil bei mir sonst zu viel frisches Gemüse auf den Tisch kommt.

Paradies mit strengen Regeln

*M*it dem Ehemann gehen meine französischen Freundinnen eher zaghaft um, dafür umso strenger mit ihren Kindern. Charlotte sagt häufig zu ihnen, wenn sie Besuch hat: «Geht mal spielen, wir wollen uns jetzt etwas unterhalten.» Wenn ich dagegen zu Nina in Deutschland kam, mussten wir die Unterhaltung blitzschnell unterbrechen, wenn ihre Tochter rief: «Mama, komm mit mir spielen.» Dann war der Nachmittag für uns gelaufen. Aber jetzt mal ganz ehrlich, wer hockt schon gern ständig auf dem Boden und schiebt Autos hin und her oder streichelt Puppen? Weil ich in Frankreich war, musste ich meine beiden auch nicht rund um die Uhr bespaßen. Ich nahm mir ein Vorbild an meinen französischen Freundinnen.

Und glauben Sie nicht, dass ein französisches Vorschulkind seine Eltern unterbrechen darf. Während wir und andere Kind-Verwöhner-Nationen sofort alles und alle um uns herum minutenlang vergessen, wenn das Kind spricht, heißt es hier: «Unterbrich mich nicht.» Oft habe ich statt einer Antwort auf eine Kinderfrage auch gehört: «Spiel dich bloß nicht auf.» Was tat mir das arme Kind leid! Ohne Widerspruch lief es davon. Doch wenigstens muss ich mir hier nicht stundenlang Lieder und Gedichte von den ach-so-begabten Freundeskindern anhören. Was auch durchaus so seine Vorteile hat …

Es wird viel energischer durchgegriffen. «Schluss jetzt», höre ich Charlotte immer wieder sagen, wenn ihr Kinder nach Bonbons quengeln. Und dem Ton nach zu urteilen, lohnt es sich nicht zu diskutieren. Wagen sie es doch, legt sie nach: «Ich möchte nicht darüber diskutieren.» Wenn ich diesen Ton doch auch so draufhätte, dann wäre manches leichter. Leider gelingt mir das nicht so richtig *à la française*. Auch sonst gelten bei Charlotte strenge Regeln. Sie ist fest überzeugt: «Kinder brauchen Enttäuschungen, dabei lernen sie fürs Leben.» Kleine Plastikrutschen im Wohnzimmer? Undenkbar! Spielzeug bleibt im Kinderzimmer. Basta. Am Tisch wird ordentlich gesessen, kein Fernsehen geguckt und höflich gefragt, ob man aufstehen darf. Vergisst das Kind seine guten Manieren, fängt es sich schnell eine Ohrfeige ein, wie mir mein Sohn neulich erzählte. Er hatte bei einem Freund gesehen, wie die Mutter ihm eine verpasste, weil er krumm am Tisch saß.

Läuft ein Kind wild durchs Restaurant – das kann auf keinen Fall ein kleiner Franzose sein, sondern möglicherweise eins meiner Kinder, was mir schon etwas peinlich ist. Im Restaurant gibt es kein Geschrei und kein Gezappel, und im Zug wird nicht über die Sitze gesprungen. Das gehört sich einfach nicht. Die lieben französischen Kleinen sind keine wilden Racker, sondern wohlerzogen und brav. Das nenne ich Dressur im Kinderparadies. Höflich sollen die Franzosen sein. Und nett zu den Spielkameraden. Raufen ist untersagt und auch das Spielen im Matsch. Wenn ich da an die kleinen Dreckspatzen in Deutschland denke, die Tag und Nacht Gummistiefel tragen … So was ist hier völlig unbekannt. Wenn es nicht trocken ist, gehen französische Kinder eben gar nicht raus. So bleiben sie immer schön adrett und sauber. Praktisch, nicht? Wenn die Sonne scheint, tragen die Mädchen Röckchen und Ballerinas, so als ob sie gerade für eine Hochzeit rausgeputzt sind. Damit kann man so schlecht klettern? Na, dann klettert das Kind eben gar nicht. Umso besser, fällt es nicht runter.

Überhaupt wird hier den Kindern nicht so viel zugetraut.

Immer wieder sagten deutsche Freunde stolz zu mir: «Meine Tochter ist schon soo selbständig. Sie fährt mit dem Fahrrad allein zu Schule.» Wenn die Franzosen das hörten, fielen sie glatt vor Schreck um. Denn die Tochter meiner deutschen Freundin war «erst» neun Jahre alt. Hier werden die Kinder mindestens bis elf, solange sie zur Grundschule gehen, bis zum Schultor gebracht und da nachmittags wieder abgeholt. Niemand will, dass die Kinder zu selbständig werden, sie sollen sich schön einfügen. Bloß nicht auf eigenen Füßen stehen – sie könnten ja umfallen.

Wer dagegen als Quengel auffiel, waren häufig meine Kinder. Ich ließ in diesem Land auch wirklich keinen Fettnapf aus! «Du lässt zu viel durchgehen», sagte Charlotte. Ich bin beim Bestrafen einfach nicht konsequent genug, meint sie. Hier wird immer fleißig bestraft. Ich fühlte mich Jahrzehnte zurückversetzt, als Charlotte mir ihre Taktiken erzählte: «Wenn sie nicht spuren, gibt es Stubenarrest. Wenn sie frech sind, müssen sie einen Text abschreiben.» Essen die Kinder abends nicht, geht es hungrig ins Bett. Einmal hat sie sogar den Geburtstag ihres Sohnes nicht gefeiert, weil der immer Widerworte gab. So streng ist das hier. Meine Kinder dürfen trotzdem im Regen raus, auch wenn ich dann putzen muss. Und ich halte sie auch nicht ständig wie Papageien an, bitte und danke zu sagen und jedem Vorbeilaufenden Küsschen zu geben. Weil die französischen Kinder hier immer hören, «das macht man nicht», machen viele gar nicht mehr viel. Spontanität, das ist nur was für die allemannischen Wildfänge. Ja, und quengeln allerdings auch.

Liberté, Egalité, Fraternité (Freiheit, Gleichheit, Brüderlichkeit) ist der Wahlspruch der französischen Republik. Und wie steht es mit der Freiheit für die Kinder? Wenn die Eltern bei der Disziplin versagen, sorgt der Staat schon dafür. Mit drei Jahren lernten meine Kinder in der Vorschule stillsitzen – stundenlang. Wer das nicht kann: In die Ecke mit dem Revoluzzer! Oft habe ich meine beiden bei Schulausflügen begleitet. Schön brav in Zweierreihen sind die dann marschiert und nicht aus der Reihe getanzt. Sogar in Parks gehen sie artig auf den Wegen. Wo bleibt da die Rebellion der Gallier? Nina war ganz verwundert, als ich ihr das erzählte. In der Schule ihrer Tochter gibt es schon Lehrer, die sich weigern, Ausflüge mit den Kindern zu machen, weil sie sich vor der Verantwortung fürchten. «Zweierreihen», sagte Nina ungläubig zu mir. «Das wäre in deutschen Schulen gar nicht möglich. Die Kinder würden sich nie daran halten, und die Eltern wären völlig dagegen. Wer will schon so einen Drill.» Hier in Frankreich ist das Laufen in Zweierreihen sogar noch in der gesamten Grundschulzeit angesagt, und niemand nimmt daran Anstoß. Für die Franzosen ist es auch eine Frage der Sicherheit.

Extrawürste gibt es in der Schule natürlich auch nicht. Steckte ich meinen Kindern ein Pausenbrot zu, durften sie das nicht essen. Eine Wasserflasche? «Nur beim Essen wird getrunken», erzählte mir meine Tochter. Lammfromm sind die lieben Kleinen spätestens nach einem Jahr. Dann fragten meine beiden Kinder sogar höflich, ob sie mal auf Toilette gehen dürfen: «*Est-ce que j'ai le droit d'aller aux toilettes?*» (Darf ich mal auf Toilette gehen.) Statt eilig zu rufen: «Hallo, ich muss mal.»

Ach ja, Windeln sind in der Vorschule auch nicht mehr erlaubt. «Entweder das Kind ist sauber, oder es bleibt zu Hause», sagte mir die Direktorin in der staatlichen Vorschule meiner Kinder. So läuft das hier. Und wen wundert es: Die Kinder sind tatsächlich pünktlich zur Einschulung mit drei Jahren alle sauber. Nur ab und zu ist ein kleiner Unfall mal beim Mittagsschlaf in der Schule erlaubt. Da wird dann im strengen Frankreich auch mal ein Auge zugedrückt, habe ich festgestellt. Aber nur in der ersten Woche.

Auch sonst fand ich das in den Schulen ganz schön hart. Die Kinder verbringen zu 25 einen ganzen Tag auf 25 Quadratmetern – ein Quadratmeter pro Kind. Mittagsschlaf wird bis zu vier Jahren in einem Saal mit bis zu 30 Kindern gehalten. Von Anfang an paukten meine Kinder schon in der Vorschule und spielten nur ab und zu gesittet. Auch für uns Eltern gilt Disziplin. Wer 15 Minuten zu spät kommt, steht vor verschlossener Tür. Pech gehabt. Die wird dann erst drei Stunden später zu den normalen Öffnungszeiten wieder entriegelt. Kunterbunt wie in Deutschland sind die Klassen gewiss nicht. Von meinem ersten Schock bei einem Schulfest musste ich mich eine Weile erholen. Die Werke der kleinen Dreijährigen waren ausgestellt, und was gab's zu sehen: Einheitsbrei. Die hatten doch tatsächlich alle fast identische Weihnachtsmänner gebastelt. Die französischen Eltern riefen «oh, wie schön». Wenn ich dann mal anmerkte, etwas mehr Kreativität hätte ich schon erhofft, fuhren mir sogar meine französischen Freunde über den Mund: «So ist das eben hier. Das muss man akzeptieren. Die Kinder müssen lernen, sich einzuordnen.» Eine Mutter sagte sogar zu mir: «Wenn es dir nicht passt, dann geh doch nach Deutschland.»

Und dann näherte sich der Tag der Einschulung. Als Marie in die Grundschule kam, waren meine Eltern nach gutdeutscher Tradition mit der Schultüte angereist und sagten zu ihr: «Jetzt fängt der Ernst des Lebens an.» Marie sah mich fragend an: Was meinte Oma nur damit? Das mit der Schultüte fand sie trotzdem eine hübsche Idee. Ob man das wohl jedes Jahr wiederholen könnte?

Wie in der Vorschule sind die Kinder auch in der Grundschule rundum versorgt, selbst in den Ferien gibt es Spielkreise in den Schulen. Was beneiden mich meine deutschen Freundinnen darum! «Du hast es gut», seufzt Nina immer, wenn ich ihr davon erzähle. Fast jeder Franzose war in seinem Leben auch schon mal in einer Ferienkolonie, sie sind so etwas wie ein Mythos. Denn Schulferien gibt es in Frankreich offenbar ständig. Die Lösung lautet *colonie des vacances*. Meine Tochter wollte mit acht Jahren also unbedingt auch mal in eine Ponykolonie. Ich fand sie ja noch zu jung, aber wenn sie selbst wollte ...

Anmeldung per Internet bei der Stadt Paris für Zentrum Nummer 12 in den Vogesen. Als es so weit war, lernten wir am Bahnhof den Gruppenleiter kennen. Fünf Minuten, *bonjour* und *au revoir*. Allergien, Medikamente? Nein? Gut, der Nächste bitte. Die Kolonie dauerte zwölf Tage. Ich war schockiert. Wir durften die Kinder nicht einmal anrufen. Sie sollten kein Heimweh bekommen. Es gab nur einen Anrufbeantworter mit News. Was habe ich meine Tochter vermisst, sie mich allerdings weniger. Das Ganze hatte schon etwas Militärisches. Mit Kritik hielt ich mich diesmal dennoch zurück. Ich hatte noch den zickigen Kommentar aus der Schule im Kopf.

Weiter als bis zur Grundschule bin ich mit meinen Kindern noch nicht, aber was ich so höre, kann ich mir die Zukunft gut vorstellen. Und das wird für sie sicher nicht leicht, auch wenn sie mittlerweile fast so zahm sind wie kleine Franzosen. Doch schließlich ist schon die Grundschule um einiges strenger als die Vorschule. Nachsitzen, Verzichten auf Pausen als Strafe und Eckenstehen gehören dazu. Schon jetzt wird auch seitenweise auswendig gelernt, nicht nur Gedichte, sondern auch allerhand anderes Zeug. Diskussionsfähigkeit oder Phantasie sind dagegen weniger gefragt. Nicht nur in der Schule gilt Frontalunterricht, sondern auch später in den Universitäten. Schön formatiert geht's dann ins Berufsleben. Vielleicht schicke ich meine Kinder zwischendurch dann doch mal zur Erholung nach Deutschland in die Schule?

KAPITEL 14

Le Fettnapf – Nachwort

**Ich habe gelernt, mich in Frankreich nicht
zum Horst zu machen ...**
... aber was ich hier immer noch vermisse

*A*b und zu fragt mich doch mal jemand, ob ich Deutschland nicht vermisse. Es gibt tatsächlich Franzosen, die sich vorstellen können, dass einem selbst im herrlichen Frankreich etwas fehlen könnte. Meist antworte ich darauf nur leichthin: «Nee, nicht wirklich. Ich esse gern, und das kann man hier doch gut.» Das schmeichelt den Franzosen, und sie haben nicht den geringsten Zweifel an der Antwort. Fremd fühle ich mich hier sicher nicht mehr, und ich genieße die französische Leichtigkeit und Unbeschwertheit, die einem das Leben viel einfacher macht als im gewissenhaften Deutschland, dennoch vermisse ich manchmal etwas:

Anfangs brachte ich von meinen Deutschlandreisen so allerhand mit, mein Duschgel, Cremes, Zahnpasta, Müsli und diverse Brote. Auf das alles kann ich inzwischen verzichten. Was mir fehlt, ist eigentlich etwas ganz anderes, und das ist schwer, den Franzosen zu erklären. Sich auf die Leute wirklich verlassen zu können und die deutsche Direktheit. Dass das, was gesagt wird, auch tatsächlich so gemeint wird. Mit Freundinnen zusammensitzen und dieses Gefühl zu haben: Das ist es. Und nicht nur: Das war jetzt mal wieder ein netter geselliger Abend. Sich mal wieder gegenseitig auf die Schulter zu klopfen, wie geht's, alles klar? Und wirklich eine Antwort darauf zu bekommen und nicht nur ein hübsch verpacktes *ça va, merci et toi?*

(Danke ja, und du?) Denn das ist in Frankreich höchst selten, da muss man die Leute schon sehr gut kennen.

Und obwohl ich das Französische mittlerweile so runterratttere wie meine Muttersprache und manchmal sogar überlegen muss: Moment mal, wie heißt das jetzt auf Deutsch? Oder manchmal selbst nicht mehr registriere, ob ich Deutsch oder Französisch spreche und schon seit langem in Französisch träume: Ganz heimisch fühle ich mich nie mit der Sprache. Immer noch werde ich missverstanden oder verstehe etwas falsch. Wie angenehm wäre es, nicht bei jedem zweiten Witz erst erklären zu müssen: «Hallo, das war jetzt ein Witz.» Und dann vermisse ich manchmal bei all den lockeren Scherzen die tiefgründigen Diskussionen. Das ist wohl die Kehrseite der Leichtigkeit und des genussvollen Lebens hier. All das fehlt mir wirklich, nicht immer, nicht so oft wie anfangs, aber manchmal doch. Gut, dass ich auch einige deutsche Freundinnen und Freunde hier habe, die das ähnlich erleben und trotzdem genau wie ich nicht zurückgehen wollen. Die wissen schon, was ich meine.

Bruno Ziauddin
Grüezi Gummihälse
Warum uns die Deutschen manchmal auf die Nerven gehen
Sie kommen in Scharen, sprechen laut und wissen alles besser. Immer mehr Deutsche leben und arbeiten in der Schweiz – und treten dort in so manchen Fettnapf.
«Frech!» (NZZ am Sonntag)
rororo 62403

Ausländer sind manchmal ganz schön komisch

Dieter Moor
Was wir nicht haben, brauchen Sie nicht
Geschichten aus der arschlochfreien Zone
In der Brandenburgischen Provinz möchte Dieter Moor seinen Traum vom eigenen Bauernhof verwirklichen. Die neuen Nachbarn sind für allerlei ungeahnte Herausforderungen, komische Missgeschicke und skurrile Situationen gut. Eine charmante und witzige Liebeserklärung an eine verkannte Region. rororo 62475

Angelo Colagrossi
Herr Blunagalli hat kein Humor
Ein sprudelnder Italiener gefangen in Deutschland
Südländer trifft Teutonen! Angelo Colagrossi bleibt mit dem Zug im Schneechaos stecken. Während in den Waggons das Chaos ausbricht, erzählt er anekdotenreich und urkomisch von seinem Leben in Deutschland und seiner Arbeit fürs Fernsehen und seine Stars. rororo 62591

Weitere Informationen in der Rowohlt Revue *oder unter* www.rororo.de